威廉和凯特向全世界宣布他们的
订婚消息时笑得合不拢嘴。

上：上一个王位继承人出生已是很久以前的事了。照片中是查尔斯和戴安娜与十个月大的威廉王子玩耍的情景。

下：戴安娜王妃坚信要尽可能以寻常方式对待孩子，威廉和凯特也将效仿此做法。

王室家庭各代。乔治小王子的出生令王室香火延续。

威廉和他父亲、弟弟的关系一直很亲密。现在，他也期待着能与自己的小家庭再现这些经典瞬间。

照片中的威廉身着用奇异鸟毛制成的传统毛利斗篷。照片拍摄于 2010 年，当时他成功地单独出访新西兰。他今后还将有很多出访活动，但再也不会当独行侠了。

上：骄傲的祖父母。尽管查尔斯王子在公开场合经常表现得很内向，但说到当祖父，他的热情便溢于言表。

下：在这样的场合下，人们依旧怀念戴安娜王妃。

上：换岗。查尔斯在女王钻禧音乐会上表现卓越，创造了温馨的一刻。

下：威廉和当时作为未婚妻的凯特在霍利黑德首次共同公开亮相。凯特为一艘救生艇举行入水仪式。在她怀孕期间的最后一次公开亮相中，她还为一艘大型游轮举行了入水仪式。

威廉和凯特婚前有机会重返圣安德鲁斯大学———切开始的地方。

毫无疑问，这对年轻新人的魅力令全球数十亿人停下手中的工作，见证凯特成为王妃。

2011 年 3 月，北爱尔兰，凯特的首次返乡之旅。尽管下着小雨，她看起来仍光彩照人。

上：凯特被加拿大媒体称为"伟大的凯瑟琳"。照片中是她和威廉在魁北克与王室支持者在一起。

下：威廉在图瓦卢的南太平洋大学与学生交谈。

夫妇二人始终对新经历兴致勃勃，无论是在美丽的布拉奇福德湖悠然泛舟，还是在图瓦尼普普乘坐更刺激的木船。

威廉和凯特在洛杉矶的英国电影电视
艺术学院活动现场受到明星般的追捧。

上：威廉和凯特享受着和往常不太一样的车辇。

下：凯特在图瓦卢跳舞时显得兴致盎然。

怀孕的凯特身着绿装，佩带着三叶草胸花，于圣帕特里克节首次单独出席军方活动。

完美一天的巅峰时刻。

威廉与凯特抱着英王室的新生儿走出医院，向围观的群众和媒体打招呼。

威廉和凯特抱着昨日刚出生的小王子离开医院。

威廉、凯特与小王子在自家花园里的温馨一幕。

威廉和凯特带儿子乔治小王子参加洗礼仪式。

在这张全家福照片中,八个月大的乔治小王子与宠物狗卢波"深情对视",简直萌翻众人。

威廉、凯特带着乔治小王子首次正式出访。

上：威廉一家在悉尼。小王子得到了新玩具。

下：澳大利亚，威廉一家登机离开。身穿红色毛衣的乔治小王子在妈妈怀中尽显可爱。

威廉和凯特带着乔治小王子结束了澳大利亚之行，准备乘机回国。乔治似恋恋不舍。

THE
NEW ROYAL
FAMILY

Prince George, William and Kate,
The Next Generation

新王室家庭

[英] 罗伯特·乔布森◎著   [英] 亚瑟·爱德华◎独家摄影
（Robert Jobson）   （Arthur Edwards MBE）

胡萌琦◎译

北京师范大学出版集团
BEIJING NORMAL UNIVERSITY PUBLISHING GROUP
北京师范大学出版社

北京市版权局著作权全同登记图字 01-2013-9254 号

图书在版编目(CIP)数据

新王室家庭 /(英)乔布森著;(英)爱德华摄;胡萌琦译.
—北京:北京师范大学出版社,2014.8
ISBN 978-7-303-17382-2

Ⅰ. ①新… Ⅱ. ①乔…②爱…③胡… Ⅲ. ①王子—
生平事迹—英国—现代②王妃—生平事迹—英国—现代
Ⅳ. ①K835.617=6

中国版本图书馆 CIP 数据核字(2012)第 047760 号

营 销 中 心 电 话 010-58805072 58807651
京师心悦读新浪微博 http://weibo.com/bjsfpub

XIN WANGSHI JIATING
出版发行:北京师范大学出版社 www.bnup.com.cn
北京新街口外大街 19 号
邮政编码:100875
印 刷:北京中印联印务有限公司
经 销:全国新华书店
开 本:170 mm×230 mm
印 张:15.5
插 页:12
字 数:175 字
版 次:2014 年 8 月第 1 版
印 次:2014 年 8 月第 1 次印刷
定 价:48.00 元

策划编辑:谢雯萍   责任编辑:谢雯萍
美术编辑:袁 麟   装帧设计:红杉林文化
责任校对:李 菡   责任印制:马 洁
营销编辑:张雅哲   zhangyz@bnupg.com

序　言

　　威廉和凯特的宝贝儿，乔治·亚历山大·路易王子将成为第一个真正意义上的现代英国君主——一个矿工与国王的后代。某一天，这个孩子将领导一个崭新的君主国，一个更精简、更包容、更高效的国家。在这个全球信息化的现代世界里，这个孩子将备受瞩目，而其中一些事情或许会令乔治的父母相当敏感。哪怕仅仅作为王位继承人，这个孩子就足以吸引全世界关注的目光，但这还不是乔治的全部。这个婴儿将成为有史以来第一个不论性别的储君。他也是三百年来——自安娜女王和玛丽二世统治以来——第一个母系出身平民，而非贵族或王族的王子。

　　尽管如此，作为威廉王子和凯特的长子，他当然生而富贵，拥有古老的家世、宫殿和王室头衔。这个高贵的婴儿将举世闻名。他的父母，一如其他许多父母，会竭尽全力去抵挡不可避免的媒体喧嚣，坚持让他如普通孩子那样成长。然而事实是，这个孩子必将特殊！非常特殊！

　　旧继承法的废除——由女王于 2011 年在珀斯举行的英联邦国家首脑会议上签署，之后经由英国议会上下两院通过——也预示着王室新曙光的降临。这是一个重要的时刻，表明温莎王朝已准备好与时俱进。古老的传统自当兼顾，但它也会拥抱当下的时代。

　　基思·瓦兹议员向议会提交的议案推动了王位继承法修改的历史车轮。最重要的是，法案得到了女王的支持。2013 年 4 月 25 日，法案最终通过并获得御准，这意味着如果剑桥公爵和公爵夫人的头生孩子是个女孩，那么无论父母是否再为她添个小弟弟，她都将在其父威廉"国王"之后自动成为女王。

　　经由这部法案，旧继承法——以及一千年来由它所确定的男性王室成员的优先继承地位——在威廉和凯特的孩子出生前被废除了，这或许是为了避免产生任何猜测。包括查尔斯王子在内的部分人士曾表示担忧说，该法案并没有作为一个整体得到应有的关注。查尔斯并非要支持过时的法律，他的主要担忧在于新法案"部分被通过，部分被否决"。王位继承制度改革一举终结了性别歧视，将这个现代君主国家带入了二十一世纪。毫无疑问，这个非民选机构必须得到公众的支持，而要做到这一点，就必须顺应时代。

　　威廉和凯特"毅然决定"要用自己的方式哺育孩子。尽管特权与生俱来，但他们不会允许孩子被王室传统或期望压垮。此前始终拒绝雇用仆人的凯特，据说在搬进他们位于肯辛顿宫斥巨资翻修的宅邸之后，仍然不愿接受大批老派奶妈的照顾。然而，她所承担的工作压力和公共责任意味着她将不得不需要至少一名奶妈的协助。尽管如此，这与许多中产阶级在职母亲的情况并无多少差异，她们很多人都雇用保姆。凯特的母亲卡罗尔——凯特时常向她寻求建议——自然会给予协助。

　　威廉和凯特不想让他们的宝宝——作为男孩，他将继承七亿英镑的康沃尔领地基金——娇生惯养。相反，他们希望这个注定成为君王的孩子能够自由表达个性。在这个婴儿诞生之前，威廉曾是最新一位生而为王的王室宝宝，他的童年与其父亲的童年有着天壤之别。尽管出身非凡，威廉的母亲却坚持用自己的方式培养他。"凯特和戴安娜的信念同样坚定。"一名她身边的人告诉我。戴安娜王妃的坚决抗争避免了威廉和哈里过早地受到王室生活束缚，因为她担心那会限制他们作为儿童的自由成长。正是她的立场——当初遭到保守的查尔斯王子的反对——帮助威廉成为如今这样平和的年轻人。

　　戴安娜对于如何抚养儿子有着清晰的想法。她解雇了他们的第一任保姆芭芭拉·巴恩斯，因其过分强调"王子要受到与众不同的对待"。王妃和这种观点格格不入。她不顾儿子们与生俱来的特权，希望他们尽可能成长为平和而"普通"的人。第二任保姆殴嘉·鲍威尔处处遵从戴安娜，毕竟在育儿方面，每家只能有一个权威。据说，如果她的王室宝贝违反了规定，戴安娜允许保姆或保镖对他们进行惩罚。正如威廉的前个人保镖，伦敦警察厅官员肯·华尔夫回忆："我记得有好几次，威廉和哈里因淘气而挨打。他们的另一名保姆杰西完全知道怎么能让哈里听话。她是个大块头女人，曾经用自己的肚子把哈里顶在墙上，直到他安静下来。他们从王室工作人员那里得到了深刻教训，两个男孩很快就明白，无论他们有怎样的头衔都得守规矩，必须按照吩咐去做。我相信威廉和凯特也会延续这种教育方式。"

从那以后，或许是对母亲近乎执拗地渴望平凡的响应，威廉希望仅仅被称为"威廉"。他说在很多场合下，并不想被冠以"爵士"或"殿下"的称谓。现在，威廉已为人父，他与他的妻子凯特——一名出身传统英国中产阶级家庭的"普通"女孩，将在如何养育子女的问题上面对同样的困境。

所有的迹象都表明，威廉希望以已故母亲为榜样。他希望做一个亲力亲为的现代父亲，比方说，花些时间与孩子相处，就寝时尽可能陪伴孩子。他和凯特选择了肯辛顿宫作为他们的家园，那里留存着他和弟弟哈里欢乐的童年记忆。玛格丽特公主的这座宏伟别墅的翻新工程于2013年秋季完工，迎来了这个年轻的家庭。但无论他们如何努力，想按照寻常方式养育他们的第一个孩子，却必将面对一场艰难的战斗。

那么，这个"特别的孩子"将会有怎样的童年？肯·华尔夫比大多数人更清楚。这个如叔叔般的前警察曾被特别选定负责王子们的保护工作，经常扮演"父亲"的角色。他风趣、充满活力，这正是王室男孩子们所期盼的。他告诉我："这个婴儿会有一个奇迹般的童年，我可以肯定。不过当然，会有些不同。也就是说，他或她必须得适应有一名全副武装的伦敦警察厅官员贴身保护、日夜看顾。"

肯相信，威廉王子的童年就是小王子未来生活的蓝图。他说："威廉和哈里小时候那么讨人喜爱。他们喜欢玩打斗游戏，打起来还挺较真。有时候，我试图把他们拉开，结果自己倒成了靶子，他们一定会那么做。我告诉你，他们一旦出击绝不收手。他们下手也很重，根本不考虑打在身上是不是真的很痛。不过戴安娜鼓励这样。她认为像个男孩子样儿对他们有好处。"

肯回忆说，面对有些王室工作人员对他们的特殊对待，王子们并不感到别扭，这一点或许也是威廉和凯特的孩子必须学会的。哈里时常开玩笑说，假如威廉不想当国王，他会很乐意替补。确实，威廉起初不愿设想自己未来的重大角色。"我记得威廉常对他妈妈说，等他长大要当警察，这样就可以保护戴安娜。哈里则经常插嘴说'别傻啦，威廉。等你长大，你要当国王，就这么回事。'"

不过他们在一起也很开心。肯陪他们去游园会、汉堡吧和卡丁车赛。有一次，他回忆起他们是如何铲平海格洛夫庄园里查尔斯王子钟爱的花园，将它变成一个赛车场。"我觉得查尔斯王子看见他们把花园弄得一团糟时并不感到特别意外。他找到我说，'我猜，你就是那个新伯尼·埃克里斯通'。"

戴安娜坚定地拒绝来自外界影响的干扰。"孩子性格的养成主要来自于父母的影响，除此之外不需要别的影响。"当她描述自己是如何确保永远从威廉和哈里的角度出发时说。凯特和威廉持有相似的观点。尽管如此，在某些方面，这个孩子的童年时代几乎注定要遵循传统，比如说教育。先前的王位继承人——如女王——从未去过学校，而是由家庭女教师辅导。在乔治王子能够像他父母那样迈入大学之前，对他的安排则是在一所顶级公立学校里接受单独教学。

　　凯特，这个来自普通的富裕中产阶级家庭的女子，和戴安娜一样，喜欢按照自己的方式行事。一个她身边的人说："凯瑟琳是个非常强硬的女人。家庭，密切的家庭关系对她而言异常重要。这是她的根基，我可以肯定地感觉到，她希望给予她的孩子同样安全的环境。"

　　接受私人教育的凯特和比她小二十个月的妹妹皮帕，以及出生于1987年的詹姆斯曾共度过一段美妙的田园时光。她喜欢打扮得漂漂亮亮去看学校演出。她当时住在巴克夏郊外的一座典雅的别墅里，喜爱运动，在网球和曲棍球方面颇有斩获。当在订婚会见中被问及家庭观念时，凯特明确表示她希望有一个大家庭。"这对我很重要。"她说。

　　尽管威廉和凯特大部分时间住在伦敦市内，但他们打算经常带家人去郊外，因为他们都有对各自童年时代乡村生活的美好回忆。一名前王室工作人员回忆起威廉和哈里有多么酷爱骑马。有一次，威廉笑着大声叫喊，因为他弟弟在矮种马上碰到了麻烦。他刚一骑上马背，马似乎就察觉了新主人的固执个性，也开始耍起性子。它拒绝被牵着鼻子或骑在胯下，试图抓住每个机会带着鞍上的哈里逃之夭夭。跑了大约四分之一英里到半英里之后，它找到了最近的一条溪流，把哈里甩了进去。那场景就像是特尔维尔的漫画，一小队马夫、保镖以及威廉都在奔跑，指望抓住那只野兽。这对王室父母希望带给他们的新家庭的正是这样一些时刻——轻松快乐的时刻。

　　任何王室新生儿都会得到悉心照理，不仅来自父母，也来自王室工作人员——当威廉和凯特忙于工作之时。年轻的乔治王子将很快明白，尽管他拥有王室头衔，谦虚平易也必不可少。成功的童年如何成就美好的青年，从而有一天领导周围的人乃至整个国家，威廉和凯特就是极好的榜样。相似的童年将令这个未来国王的人生受益无穷。

目　录

第一章

换 岗

The Changing of the Guard

如果她知道自己已经做了能做的一切，再没有遗憾，没有未竟的事业，她会愿意交接的。她已经为国家做了能做的一切，没有让任何人失望——她对此非常在意。

——剑桥公爵威廉王子谈及英女王

一位白发苍苍、深受爱戴的老妪小心翼翼地爬上圣保罗大教堂的台阶，身边却少了六十四年来相依相随的伴侣。平生第一次，她显得有些虚弱。当她在家人的跟随下缓缓向前时，那由来已久的自信似乎离她而去。这是有可能对王室产生深远影响的一幕。2012 年 6 月 5 日，女王伊丽莎白二世，英国有史以来最年长的君主，亲临为其登基钻禧而举办的感恩仪式，一场因她的荣耀而举办的盛事。那是个令人筋疲力尽的周末，举国大典在盛况空前、激动人心的庆祝活动中落下帷幕。大典显然累垮了她。

教堂外，挥舞着旗帜前来祝福的人络绎不绝。黎明时分，已有数千人聚集在国家大教堂前，站在警方设置的钢铁屏障后耐心等待。一名妇女说她凌晨三点半就起身，从家乡埃塞克斯赶来亲眼见证这历史性的事件。"我的孩子们想通过电视观看，但我告诉他们，假如身临其境，感受到的气氛会大不相同。"事实证明她是对的。和许多人一样，她希望自己能成为庆典的一部分。教堂内，政府高级官员、在野党人士以及来自英国各地和英联邦国家的代表，聆听着坎特伯雷大主教罗文·威廉姆斯博士的致辞，赞美女王的"毕生奉献"。

然而，女王的注意力似乎并不集中，甚至有些走神。这也情有可原。头一次，她的丈夫和坚强后盾，菲利普亲王（爱丁堡公爵），这位她相识于豆蔻年华并被公开称为她的"力量与支柱"的人，不在她身边。他因膀胱感染，正在几英里之外的医院里接受治疗。女王的担忧不无道理，但一如往常，她毫无怨言地默默承受着。

为期四天的钻禧庆典最终以女王出现在白金汉宫阳台上，面对汹涌欢呼的人群而达到高潮。由参加过第二次世界大战的战机和皇家空军红箭组成的编队完美地掠过天际。然而，值得注意的是，在王宫制高点见证这一切的并非往日庞大的王室家族群体。这一次，陪伴她的仅有核心家庭——新王室家庭——的五名成员：威尔士亲王（查尔斯王子）、康沃尔公爵夫人（卡米拉）、剑桥公爵（威廉王子）和剑桥公爵夫人（凯特）以及哈里王子。这是个审慎的决定，显然，某些事情已悄然发生。

菲利普亲王的此次缺席是将王室核心成员重组推上日程的重要催化剂。王宫方面的资深人士私下里说，八十六岁高龄的君主为了庆祝自己的一生成就而走进圣保罗大教堂，却没有任何男性家庭成员陪伴，这看上去就不合适。人们或许期待查尔斯王子能担当起这个角色，然而他对他妻子的责任令他左右为难。

问题出现在辉煌的周末庆典的尾声，冷雨中的泰晤士河巡游影响了公爵的健康。巡游的整个过程中，他拒绝在滑稽的镀金宝座上落座，始终站在皇家游艇的甲板上。当然，女王也没有落座。尽管如此，公爵看上去兴致盎然，他身着皇家海军制服，显得庄严英武。

随着典礼的进行，有消息传出，公爵根据医生的建议被送进医院，将缺席由 Take That（接招乐队）歌手盖瑞·巴洛组织的庆典音乐会。那个周末，我在 NBC（美国全国广播公司）和美国播音员马特·劳尔以及迷人的梅瑞迪斯·维艾拉共同主持一档钻禧特别节目。新闻界同事们对此都表现出了真挚的关切。

所幸，查尔斯王子在紧要关头站了出来。在音乐会的谢幕演说中，他用亲切、温暖甚至有些情绪化的赞美打动了母亲。王子的开场白——"妈妈"——为他赢得了人们的欢呼。浑身上下装点着施华洛世奇水晶的钻石女王来到现场，她身着安吉拉·凯莉设计的金色鸡尾酒礼服，深色披肩下露出暗金色和深橄榄色大花边。

这对母子当天由康沃尔公爵夫人陪同，提前几分钟到达环绕着维多利亚女王纪念雕塑搭建的舞台，接受人们的掌声。包括凯莉·米洛和谢丽尔·科尔在内的明星们推搡着，想尽可能挨王室成员更近些。"流行骑士们"并没有参与抢位大战，保罗·麦卡尼爵士、汤姆·琼斯爵士和艾尔顿·约翰爵士都有靠近女王的保留位置。查尔斯拿周日河上巡游的糟糕天气开了个玩笑，让听众们兴奋起来："如果可以的话，我要说，感谢上帝，总算放晴了！"但当他痛苦地提到爱丁堡公爵就在几英里之外的医院里时，女王紧绷的上唇似乎抽动了一下，仅仅那么一瞬间。王子继续说道："陛下，我们被告知有数百万人梦想着和您一起喝茶，很多人几乎要在白金汉宫的花园里与您野餐。今晚唯一的遗憾是我父亲无法和我们在一起，因为，很不幸，他身体不适。不过，女士们先生们，如果我们的欢呼声够响亮，他或许在医院也能听见，并因此康复。"

随之而来的是掌声和欢呼声。王子代表所有人补充道："陛下，钻禧是个很特殊的盛事。我们中的一些人有幸与您共庆了三次大典。我有纪念章为证。此刻，我们为一位非常特殊的人庆祝她过去六十年来的生活与贡献。在我三岁那年，祖父乔治六世去世，您和父亲的生活突然间无可挽回地改变了，当时您年仅二十五岁。因此，作为公民，我们借此机会向您和父亲表达感谢，谢谢你们始终陪伴着我们，感谢您用您的责任和奉献激励着我们，让我们身为不列颠人而自豪。"他转向母亲，为"一位非常特殊的人的生活和贡献"献礼。

这是场卓绝的演出。查尔斯王子的发言博得人群的欢呼，也赢得了次日所有报刊的喝彩。然而，爱丁堡公爵——最年长的英国在位君主的配偶——的缺席以及他的健康状况也飘出宫廷的高墙，成了次日的关注焦点。

菲利普亲王能有如此强健的体质实属上天恩赐，他的健康状况决不能拿来冒险。每个人，包括女王本人都很清楚，不能再指望他保持与过去同样的步伐。菲利普无法如以往那样与妻子形影相随，类似的情况将越来越多地出现，无可避免。

这不会是一次轻松的转变。不过，在庆祝夫妇二人为国家做出如此辉煌贡献的同时，每个人都能看出，是时候允许他们退休了，哪怕只是稍稍松口气。就连菲利普本人也曾在一次 BBC（英国广播公司）的采访中公开表示"他已经完成了自己的任务"。尽管如此，他拒绝让自己的妻子失望，对于削减自己繁忙的约见安排也非常抵触。事实上，在接下来的几个月里，没有证据能够显示他是否已如自己所暗示的那样减少了工作量。

然而，菲利普的再一次入院以及女王对其工作负担的考虑，加速了她逐渐向查尔斯王子移交部分责任的步伐。查尔斯与其妻——已得到王室完全接纳的康沃尔公爵夫人——弟弟安德鲁和爱德华，以及下一代的威廉、凯特和哈里一起，开始承担更多的王室职责，以减轻女王和她鞠躬尽瘁的丈夫的负担。有消息说查尔斯充当了"影子国王"的角色，以便母亲能有更多时间陪伴她的丈夫。

"女王陛下并没有放弃她的责任，这一点毋庸置疑。"一名王室资深工作人员解释说，"女王会有选择性地亲自处理一些工作，将其余的分担出去。女王陛下和爱丁堡公爵在钻禧庆典过程中不知疲倦地工作，或许人们对他们的期待太多了。"

这名工作人员还说："女王相当健康，但她希望也能为公爵尽到自己的责任。作为她的臣下，公爵认为自己的责任是陪伴在她身边，因此困难在于要说服他，他的任何一名儿子都可以接替他陪伴陛下，并且这么做是可以接受的。如果公爵对此有异议，那么唯一的办法就是减少女王陛下的会见活动，由家庭的年轻成员作为她的代表来出席这些活动。"

年轻的一代已经在 2012 年伦敦奥运会中出色地展现了自己，当时他们身着英国国家队的 T 恤，为我们的运动员加油呐喊。现在，他们将更多地出现在公众视野中。尽管哈里王子在拉斯维加斯爆出绯闻，王室顾问仍然相信他是整个计划中的重要角色，他日益提高的声望能够承受得住那次曝光事件。2012 年成功出访牙买加和巴西，紧接着 2013 年对美国的访问都证明了他的明星魅力。他或许放荡不羁，但就像他已故的母亲，能吸引公众的目光。

但是，女王于 2013 年逐步交接的计划毫无疑问对威廉王子及其怀孕的妻子的影响更加深刻、长远。2013 年上半年，威廉王子仍在担任皇家空军搜救队飞行员，交接计划意味着他将不得不重新考虑长期投身军旅的打算，转而成为一名全职王室代表，以填补空缺。几周后，菲利普再次患病就医——他在一年一度去巴尔莫勒尔度假时被迫在阿伯丁皇家医院住了六天——女王借机与查尔斯王储讨论了如何稳妥地进行这次至关重要的王权重组。

"这是个很敏感的境况，也是威尔士亲王尤其在意的事情之一。他已为完成女王陛下的任何要求做好了准备。"一名王室工作人员当时告诉我，"移交工作将周密部署、悄然渐进，毫无疑问，完全由女王本人亲自安排——她知道，尽管王室偶尔表现得有些沉闷，但我们希望见到他们在任何时候都能平静、沉着、有序。"这名工作人员补充道。

接下来发生的故事是我作为温莎王室作家以来所记录的最为重大的事件。2013 年 5 月 7 日，星期二，我在《伦敦旗帜晚报》上写道：这不是空谈。女王正用实际行动准备着。一名资深人士几天前告诉我，女王考虑不再进行长途海外出访，以便为未来的角色"调整自己"。关键性的一步发生了：八十七岁高龄的君主宣布，她将四十多年来首次缺席于 11 月举行的英联邦政府首脑会议，而由查尔斯王子代替前往。

仅仅数周之后，女王本人也因肠胃炎住进了医院，她决定将移交工作适当地再向前推进。如果她打算坚持到底——没有迹象表明她不会这么做——那她就必须调整自己的步伐。她派遣查尔斯王子前往斯里兰卡代表自己出席峰会的决定也是一个果断的行动。从现在开始，查尔斯在卡米拉的陪伴下，将在女王需要之际随时代表她出访海外，正如他和其他王室成员在钻禧年所做的那样。

这是自 1971 年以来女王首次没有参加英联邦政府首脑会议，不过我的消息人士强调说，女王一如既往地坚定履行着英联邦首脑的职责。一名资深工作人员告诉我："我们只是在寻找更适合女王的活力的步伐。"

女王通常多方听取关于英联邦事务的建议，其中包括英联邦秘书长。不过，不参加斯里兰卡会议的决定却是她单独作出的。当然，这相当明智。她再一次证明了自己的远见卓识，这也是她能够长期英明统治的关键因素。简而言之，她给予了威尔士亲王——我们历史上待位时间最长、准备最充分的王位继承人——一个在世界舞台上展示实力的机会。

以女王为中心的钻禧庆典不仅仅是她的巅峰时刻，或许也会是她最后一次公开出席庆典。就这个年龄的女性而言，无论是身体或精神，女王都算得上相当健康。她定期骑马，喜欢散步和阅读。然而，似乎是时候把机会交给下一代了。对于查尔斯王子而言，再没有比英联邦会议这样的场合更适合展示自己了。

英联邦在女王的领导下取得了非凡成功。正如女王所说，它不是一个单一目的的组织。相反，它在一系列问题上为二十一亿人提供了共同努力、达成解决方案的唯一机会。女王曾自豪地说，英联邦是一股推动变革的重要力量。她集谦逊、智慧和经验于一身，六十一年来始终维系并带领这个组织向前发展。内部人士称，女王所扮演的角色的核心在于展现现代君主的风范，她相信这也是新王室家庭的重心所在。是的，她希望查尔斯接过首脑的位置，但她也相信威廉、凯特和哈里这一代在这个舞台上同样有着重要的使命。

这就是说，随着2013年查尔斯王子担任"影子国王"，现在轮到更年轻的一代接过火炬，尤其是在英联邦和国际外交事务方面，因为毕竟这才是现代君主制的核心所在。王室成员们已经在钻禧年进行了一次团队合作——尤其是代表女王出访海外。剑桥公爵和公爵夫人访问了马来西亚、新加坡、所罗门群岛和图瓦卢的小岛。哈里王子首次单独代表女王前往伯利兹、牙买加和巴哈马。其他王室成员也尽到了各自的职责。约克公爵出访印度；而长公主则前往莫桑比克和赞比亚。女王的堂弟格罗斯特公爵去了英属维京群岛和马耳他；肯特公爵造访了福克兰群岛和乌干达；温塞克斯伯爵和伯爵夫人取道加勒比，访问了安提瓜和巴布达、巴巴多斯、格林纳达、蒙特塞拉特、圣基茨和尼维斯、圣卢西亚、圣文森特和格林纳丁斯、特立尼达和多巴哥，还走访了直布罗陀。

女王通过安排出访人员和目的地，正清晰地向外界传达着另一个消息——英联邦在她的心目中举足轻重。在她的管理下，英联邦已经成长为一个有五十三个独立国家加盟、分布于六大洲的联合体，拥有约占世界总人口30%的居民，其中半数不超过二十五岁。女王称其为新万维网。因此，王室成员未来以官方身份长期参与英联邦事务就成了一个敏感的问题。英联邦组织内有些声音称，"国家大家庭"之所以获得成功，一个主要原因在于女王的个人参与。她一直是，也将继续是这一组织的守护者。她认识大部分国家的领导人，其中许多已是老友。

然而，并无明文规定不列颠君主必然是英联邦的首脑，因此，不能保证查尔斯王子或他的继承人将继承女王的这一要职。毕竟，当时女王是受少数英联邦国家之请接替其父亲的首脑之职，提议的发起人是当时的印度总理贾瓦哈拉尔·尼赫鲁，并得到了其他人的赞同。然而 2013 年，一些资深人士和机构官员公开质疑查尔斯王子是否应该接替女王的职位，他们声称如果英联邦想摆脱殖民的历史，那么下一任领导人就应该从其他成员国中选举产生。十年前，纳尔逊·曼德拉本是热门人选，但眼下要想找一个能将这些迥然相异的国家团结起来的候选人却不那么容易。

现代化进程的拥趸也想将英联邦宝座从英国搬走。目前这个宝座被安置在玛丽女王的老宅伦敦马尔堡宫，以免被人们指责为依旧沉浸在不列颠帝国的迷梦中。两个备选的迁移地点一为印度德里，另一个是尼日利亚的拉各斯。此外，还有一些人认为，尽管查尔斯孜孜不倦地服务公众，却不如女王那样受到广泛爱戴。王子对工作的热情是接触过他的人所共知的，他已经访问了超过三十三个英联邦成员国，并将这个职位视作自己的生命以及未来君主角色的一部分。

考虑到这些因素，女王决定宣布自己不再进行长途旅行，并委托查尔斯王子在英联邦首脑会议上代表自己，这一举动便显得意义重大。这也显示出她希望王储追随自己的脚步——对此有些成员国显然并不乐意。女王的行动胜过了言语，她用派遣查尔斯的方式表明了自己的立场。一如往常，女王不诉诸言辞，而是果断行动。无人对此提出异议。

不过，迷人的剑桥公爵和公爵夫人在世界舞台上的亮相或许已经在英联邦国家中重振了君主制的未来。他们年轻、优雅、迷人，他们在全球的声望已经为古老的君主制度注入了新的魅力。时间会告诉我们，这一切是否足以维持英国王室目前在英联邦中的地位。

威廉王子与其父一样，正作为王室替补团队的成员开始承担更多的公共角色，学习作为未来国王的准则，并同时为祖母提供越来越多的支持。2010年1月，威廉王子在实践未来君主的道路上迈出了迄今为止最重要的一步，首次作为女王的代表以官方身份单独出访。王子对新西兰和澳大利亚的这次访问非常成功，他选择乘坐普通航班的商务舱而非私人飞机出行的举动也为其博得公众和媒体的赞誉。他在新西兰停留了三天，为新近落成的惠灵顿最高法院大楼剪彩，在该国著名的伊甸园体育场打橄榄球，被毛利人奉为贵宾。他在澳大利亚停留了两天，在悉尼和墨尔本受到热烈欢迎，会见了原住民并听他们讲述最近丛林大火的情况。

他的首次出访如此成功，以至次年又临时决定故地重游，看望澳大利亚洪水和新西兰地震及矿难事故中的受害者。"我强烈感到想去那里的愿望，"王子说，"如果他们是你认识的人，或者你关心的民众——于我而言的确如此——你会想去安慰他们。这些善良的人正在经历着可怕的时刻：教堂被毁了。"

威廉的出访自然是媒体报道的重点，不过他却有意放低姿态，尽量减少礼仪约束。他会见并慰问了许多不安的民众，与他们握手，倾听他们悲惨的故事，并为女王传递信息。"我想让你们知道，你们并没有被遗忘。"他告诉在一月份遭受洪水的澳大利亚莫拉比特的居民，"勇往直前，你们有伟大的团体精神"。

女王对他的出访成果表示欣喜。"女王发给我一份最美妙的信件，说'祝贺你'，'做得好，你在那儿做得很好'，这对我意义重大。"王子说，"说起来好笑，不过当你收到她的信件或一丁点儿表扬时，那种感觉可以持续很久很久，远胜于其他任何人对你说'干得好'。主要是因为这些话语的背后有着如此威仪。"

查尔斯王子始终对职责一丝不苟，也完全准备好了去承担更多的责任。尽管查尔斯代表王室出访全球已经有相当长时间，但其最近一次对澳大利亚和新西兰的访问则更具政治家风范。这一次出访在很多人眼中被视为判读查尔斯是否做好职责转变准备的晴雨表。他的妻子卡米拉此次给予了协助。当我在澳大利亚的一个欢迎会上见到他们时，他们面对媒体都表现得更为自信，而此前他们与媒体的关系并不轻松。

2012年11月14日，我参加了在新西兰惠灵顿政府大楼举行的招待会，当时恰逢王储六十四岁生日。白金汉宫举办王子五十岁生日庆典时我也在场。不过，那天走进新西兰那间宽敞明亮的大厅的王子与十四年前有着天壤之别——不再那么脆弱，少了一些自我防卫。当他走进人头攒动的大厅时，我的脑海中浮现出披头士经典乐曲里的歌词，相信用在他身上并无不妥："当我变老，没了头发……"歌曲如此唱道，"你仍会需要我吗，仍会养育我吗，当我六十四岁时？"有朝一日当他最终成为国王，新西兰人、澳大利亚人、加拿大人，当然，还有英国人，仍然"需要他"，他将作为最年长的王位继承人戴上王冠。不过，他身边的人坚称他自始至终早已做好准备。

在这次繁忙的三国行程中——首先抵达巴布亚新几内亚，接着横穿澳大利亚和新西兰——根据我近距离观察，王储显得比以往更有政治家风范。或许，由于其父近来的健康状况及其给女王带来的压力，他早在2012年夏天之前便知道自己不再仅仅是继承人，而更是一个待位君王。

他的六十四岁生日庆典——命运巧合，与新西兰总督杰里·迈特帕里以及总理约翰·基的夫人布罗娜·基的生日恰在同一天——将王储和他第二任妻子的测试之旅带入尾声。对于六十五岁的康沃尔公爵夫人而言，她的首次澳洲之行便有数千次握手，着实不轻松。旅行令她筋疲力尽，但她的表现非常称职，尽管在之前的钻禧加拿大之旅中，她曾明确表示不想再这么脚步匆匆。

在外界看来，王室之旅像是刺激的"寻欢作乐"，事实上对于当事人却是一场苦差。无论是女王、查尔斯王子，或是威廉和哈里王子，他们日复一日与公众互动，承受着无形的压力，不仅要坚守各自的岗位，也要始终关注周围所有事物、所有人。他们的支持团队同样不轻松。从服装师、私人秘书、保安团队到新闻事务官（是的，甚至包括随行媒体，我也是其中一员），每个人都不得不全副武装全程跟随，如果还要每天换一家酒店，就变得尤其困难。

当然，受到最多关注的是那些金字塔顶端的人——巡回旅行的明星们。每时每刻、每件事都要分毫不差，一切都得如时钟般精确，这绝非易事。此外，花费也相当惊人——账单由东道主政府负责。东道主国媒体抓住了这一事实，但他们忘了，王室成员不是普通名流，而是他们未来的国王和王后。不过，"查尔斯国王"的随行人员数量有时的确令人目瞪口呆。如果算上伦敦警察厅的保镖，支持团队人数超过两打，这个数字还不包括大批陪同的地方官员。

然而，意味深长的是，在几次代表女王的钻禧之旅中，克里斯托弗·盖特爵士——女王的私人秘书，一名有着军方情报机关和外交履历的人——加入了查尔斯的支持团队。团队由王储的私人秘书克里夫·奥德顿领导，他已为王室效力七年，这是他在去莫斯科担任大使之前的最后一次旅行。随行人员中还有他的继任者西蒙·马丁，一名颇有抱负的外交官。在我看来，这支支持团队里也依稀弥漫着权力交接的情绪。

经历了一系列紧张的旅行之后，卡米拉目前的日程安排为她留下了恢复时间。比方在塔斯马尼亚州霍巴特，她有机会撇下查尔斯王子独自逍遥。日程表的安排也更倾向于她喜爱的事务，与骨质疏松症——她的母亲和祖母都死于此病——以及文化活动、动物福利和军队事务相关的活动在她的日程表上占据了很大比重。

尽管如此，卡米拉每次都尽力协助媒体，有意识地在恰当的时刻冲着镜头微笑，这让人联想起前任威尔士王妃戴安娜，但她给了丈夫更大的支持。或许不同之处在于，卡米拉明白这一切并非仅仅关乎她本人，而更多的是给每个人——包括随行媒体——一个完成本职工作的机会。当这对夫妻在澳大利亚和新西兰出席媒体招待会时，他们允许记者在新西兰搭乘他们的飞机，让我们有机会拍摄他们私下相处的镜头。我的感受是，查尔斯和卡米拉组合已经日趋坚强。他们彼此相爱，能够一起开怀大笑，最关键的是，他们行动一致。

回顾查尔斯和戴安娜20世纪90年代的出访，我可以清楚地感受到，查尔斯或许已经发现卡米拉才是自己的完美伴侣。她或许不如戴安娜那样魅力四射，但她知道自己需要做什么，而且最关键的是，她这么做了。毫无疑问，查尔斯也在认真地履行自己的职责。迷人、智慧、博学，他是数百名王室旅行团中的老手。在澳大利亚和新西兰，支持共和政体的呼声已经响了好几年，而他毅然上阵。这不会是一次轻松的旅行，"戴安娜事件"也随时有可能被提及，但他们的齐心协作令情况似乎不那么困难。在这个问题上，君王的姿态始终如一："只要还有需要，我们就将服务于新西兰和澳大利亚的人民。"

威廉与凯特的婚姻在新西兰和澳大利亚产生的热烈反响无疑给了他们强有力的支援。然而即便如此，这趟旅行对卡米拉仍不啻为一次严峻的考验。她成功通过了。戴安娜，全球偶像，在海外广受爱戴，而查尔斯则因与卡米拉的关系曾备受指责。不过，根据我本人的近距离观察，人们已经转变了观点。戴安娜的问题无论在澳洲还是在英国都已不再是人们的话题。是的，人群中的确有少数顽固者举着戴安娜的图片，但大部分人对查尔斯和卡米拉的态度比以前积极得多。全程只有一个稍微尴尬的时刻，那是纪念周日，在奥克兰的阵亡将士纪念碑前，当查尔斯和卡米拉唱起赞歌"我对你发誓，我的祖国"时。这是戴安娜在学校时最喜爱的歌曲，也在她和查尔斯的婚礼以及她的葬礼上演奏过。

我的问题——或许远方的女王也有同样的疑问——已经得到了明确的答案。查尔斯和卡米拉会被澳大利亚和新西兰作为国王与王后接受吗？现年八十九岁的莫莉·多布森于1926年随父母移民新西兰，她在一次骨质疏松患者活动中见过公爵夫人。多布森对此问题的回答是肯定的："是的，我想卡米拉会成为王后，我认为她会胜任，绝对。查尔斯需要她。"在我看来，这次旅行至关重要。这对王室搭档已然成熟，决定要履行自己的职责，承担历史的使命。家中的女王不可能疏忽这一点。

女王本人孜孜不倦，总能给人以鼓舞，是所有追随她的人的榜样。她执掌这个君主制国家六十多年之后，很少有人还能记得没有伊丽莎白二世的时代。我们每个人心中都暗自有个傻乎乎的信念，那就是女王会继续领导我们，永远永远。然而，她和她忠实的伴侣爱丁堡公爵都很现实，他们意识到自己年事已高，不得不放缓脚步。公众并不认为她会像荷兰女王贝特丽克斯2013年所做的那样选择退位。然而很显然，随着她渐渐迈向九十岁高龄，女王已经为必须做出的调整做好了准备。

当我询问安德鲁王子，女王日趋年迈，如果能够自由选择退休是否会更好时，他笑着回答："可那就是君主制，就这么简单。我甚至不认为这是个问题。"威廉王子，这个某一天也会追随她的足迹的男人，赞同他叔叔的话："她比我们年长那么多，比我们多经历了那么多，作为孙子，我们很难说'放轻松点'。我们的确暗示过让她减轻些负担，但她不愿意。她如此专注，下定决心要完成每件由她起头的事。"他继续说，"如果她知道自己已经做了能做的一切，再没有遗憾，没有未竟的事业，她会愿意交接的。她已经为国家做了她能做的一切，没有让任何人失望——她对此非常在意。"

　　然而，一个新的王室家庭正在接过缰绳。尽管现在领头的是查尔斯王子，但谁才是明星夫妻则毋庸置疑。从此刻开始，焦点将会集中在国际明星威廉和凯特身上。他们的全球知名度已在梦幻般的皇家婚礼中得到彰显，从空前成功的新婚环球旅行中也可见一斑。

第二章

世纪婚礼

The Wedding of the Century

英国人非常矜持。不过当我们认定一个目标，就真的会一往无前。

　　　　　　　——戴维·卡梅伦首相在凯特和威廉婚礼上的致辞

　　威廉和凯瑟琳的结婚日是本世纪皇家大剧院第一场盛大演出的巅峰时刻。这出极尽华丽、壮观，象征着英国国民自豪与团结的光辉乐章在完美的舞台——威斯敏斯特大教堂——上演。大教堂已见证了一千年王室历史，但或许，这一刻比其他任何时刻更能说明今日的君主制已有了怎样的演变，明朝又将去向何处。

　　威廉王子在露台上望着他美丽的新娘，问："你准备好了吗？好，我们……"他将凯瑟琳·伊丽莎白·米德尔顿——新近晋封的剑桥公爵夫人——拉近身边。他们接吻了，不是一次，而是两次，挤满白金汉宫大道的百万人群欣喜不已。几分钟后，参加过第二次世界大战的飞机编队从头顶轰鸣而过。时间掌握得分毫不差。

　　对于王室新人作为正式夫妻的第一次公开亮相，白金汉宫宣传机构非常满意。然而这不只是镜头前的一吻，这是真爱，每个人都在注视着，包括全球两百万紧紧守候在电视机前的观众。

　　我感受到了周围的情绪，骄傲、激动。除非石头才会无动于衷。当时我在为 NBC（美国全国广播公司）做现场解说，我的座位位于特别设置的电视演播室里，正对白金汉宫，视角堪称完美。这一吻，这美妙的接触，是这个现代君主国历史上标志性的一刻，现场的每个人都能感受到某种特别的东西正在萌发。

　　随着两个勉强可闻的词"我愿意"，凯瑟琳将欢呼声送遍了全国，以及世界上那些遥远的地方。

　　就这样，曾经的平民凯瑟琳瞬间一跃，进入了王族的神奇世界，注定将成为十六国未来的王后。威廉和凯瑟琳共同抹去了王室不久前的悲伤，唤起了某个欢乐时光的记忆，那个我们仍然相信童话般的王室婚姻的时光。

　　这是英国悠久历史上——事实上，得益于全球媒体的触角，或许也是世界历史上——最受期待、最值得关注的事件之一。它掩盖了威廉已故的母亲戴安娜葬礼的可怕悲伤——那一幕同样是在威斯敏斯特大教堂上演。王室终于可以从她亡故的悲剧气氛中走出来，此刻，戴安娜王妃终于可以安息了。

　　这一天对保皇党人士和由乔治五世修建于一个世纪前的温莎宫而言都是个好日子。凯瑟琳堪称王室家族的完美新成员。她以出身于矿工的祖先为傲，同时又散发着古典与自然的优雅。她有着前王妃——丈夫已故的母亲——那种自然而成的高贵气息。

　　两人说出誓言时都异常镇定。威廉将威尔士金戒戴在她的手指上的那一瞬间，威廉和凯瑟琳从容地翻开了这个长长的王室故事的下一篇章。

　　得到女王赞同，"这是个奇迹。"她说。

　　但令我以及其他在远处观看的人动容的则是一些更柔和、更个人化的接触。"你幸福吗？"她登上 1902 年启用的皇家马车时问丈夫。"这是个奇迹，奇迹。"威廉回答："我真骄傲，你是我妻子。"

整个现场最触动人心的是繁华中的至简：两个人，如此紧密地合二为一。

根据传统，王室男性在婚礼当天会接受新头衔——常常还不止一个。作为公爵夫人，凯瑟琳·米德尔顿同时也成了威尔士王妃。根据条例，由于并非生为公主，她的官方称谓不是凯瑟琳王妃，而是采用了丈夫的名号。

不过对于时刻心系民众的威廉而言，这一切无关头衔。在他看来，这是他们的节日，而他属意如此。那一天，这对年轻夫妇——Facebook时代的王室面孔——成了这个星球上最耀眼的明星。

2001年9月，圣安德鲁斯大学。威廉第一次将目光停留在凯特身上，他说他立刻知道她有一些与众不同之处。他们以朋友的形式开场——修习同样的课程（艺术史），住在同一栋公寓（圣萨利）。凯瑟琳曾经被问及与威廉王子约会是否觉得幸运，她的回答快如闪电且充满自信："能和我一起出去，是他的幸运。"她具备成为未来王后所需的一切条件，但绝不会为了嫁进王室不顾一切。

发生在他们身上的是真爱的碰撞。婚礼次日，他们一身平常装束，搭乘直升机短暂度假。他们推迟了蜜月，因为几天之后威廉就得返回皇家空军，继续履行搜救飞行员的职责。这对夫妻向全国发出信息，感谢公众对"我们生命中最精彩的一天"的支持。新剑桥公爵夫人以她特有的谦逊提及他们的辉煌婚礼时说："我很高兴天公作美，我们度过了很棒的一天。"

然而仅仅二十四小时之后，新剑桥公爵和公爵夫人再次成为平凡先生和平凡太太。在学生时代，他们每次入住酒店都会使用史密斯先生和史密斯太太的化名。这一次，他们看上去也和任何外出度周末的年轻夫妇毫无二致。婚礼当天，或许是因为婚礼的豪华与种种礼节而不堪重负，又或许是他们有意为之，两人似乎忘了牵手。然而次日他们便手拉着手走在一起，微笑着登上直升机。眨眼间，新婚夫妇离开了，但他们所创造出的善意的旋风依旧拂面。

沃尔特·白芝浩，维多利亚时代卓越的记者和宪法学家说得没错，一场王室婚姻的确能让人与人之间更紧密。这是我们的、民众的婚礼，我们都快乐地成为其中的一分子。

从现在起，凯瑟琳·伊丽莎白·米德尔顿——或者，按照我们、民众所熟知的称呼，凯特——的世界将再不像从前那样。现在，她成了新王室家庭的正式一员，成了这世界上最著名的、当然也是最受喜爱的女性之一。

第三章

校园生活

School Days

学校里的每个男孩都为她神魂颠倒。

——凯特的校友吉玛·威廉姆森

1997年戴安娜王妃去世后一个月，威廉王子走出阴影，成为数以千计的姑娘们的梦中情人。她们撕下莱昂纳多·迪卡普里奥的海报，换上了这位年轻、英俊、有着悲情经历的王子的画像。敏感的凯特便是这些女孩子中的一个。

从伊顿公学向南三十英里，马尔堡公学里凯特和另两名女生合住的宿舍的墙上贴着一张威廉王子的画像。在那之前，凯特是个爱笑、痴迷曲棍球的学生，对那些按捺不住青春期欲望的马尔堡男孩子毫无兴趣。凯特后来在她的订婚采访中声称，她的画报上是一名模特，而不是威廉。她的室友杰茜卡·黑在订婚消息公布之后告诉我们，情况确实如此。"我们都是威廉王子的粉丝。他太帅了。应该说那张海报不是凯特的，不过的确是挂在我们墙上。"

凯特十四岁时从距巴克夏几英里的女子寄宿学校唐屋中学转到马尔

堡。当时正是学年中期，更加剧了她由于十年间四次转学而产生的不安。她穿着新校服——一件清爽的上衣和格子短裙——被父母送到了这所著名的公学。她在先前那所学校过得并不快乐，这从她苍白细长的身材上能看出来。据说那所学校存在恃强凌弱的现象，并击碎了她的自信心。她母亲卡罗尔知道自己必须有所行动，翻阅了所有光鲜的学校宣传册之后，她选中了马尔堡。费用不菲，但卡罗尔相信物有所值。

　　成立于 1843 年，坐落于英国最迷人的市镇上的马尔堡公学是一所生机勃勃的全寄宿式男女合校，接收十三岁至十八岁的学生。这所学校曾培养了大批来自上流社会及贵族家庭的子女。著名的"老马尔堡人"与王室有着千丝万缕的联系。女王的前私人秘书詹弗里爵士，曾经担任女王的艺术史顾问安东尼·布朗特爵士，桂冠诗人约翰·贝杰曼爵士，女王的传记作家本·平洛特，还有威廉的堂妹约克公主尤金妮，以及女王及其父亲乔治六世的私人秘书拉塞尔爵士，演员詹姆斯·梅森、詹姆斯·罗伯森·贾斯提斯和政治家拉勃·巴特勒也都是老马尔堡人中的佼佼者。当然，未来的王后在其中独占鳌头。

　　这所学校是那些希望孩子接受优质现代化合校教育的父母们的首选。这是一个重视学术、鼓励创新、尊重差异的团体，并致力于通过讨论将知识升华为智慧。凯特在这里获得了难得的机会。起初，她思家心切，饭后总是选择独自待在诺伍德大楼。她努力学习，但这反而更增加了孤独感。她缺乏信心，或许还有些不知所措。

　　不过很快她便放松下来。凯特开始和同学们打成一片，赢得了坚实的友谊。她在体育方面极具天赋，曾代表学校参加曲棍球比赛，是网球双打的头号种子，也是越野长跑健将和无板篮球选手。

　　当年与她住在同一寝室的好友杰茜卡·黑回忆说，凯特是个"道德高尚"的姑娘。这一评价也得到了其他人的认同。吉玛·威廉姆森与杰茜卡和凯特是中学时代的"铁三角"，她认为凯特谦逊而有自制力。在马尔堡公学的后期，她或许喜欢玩闹、是校园里的大众宠儿，但她最初来到这所每年学费高达 21000 英镑的学校时，却丝毫不引人注目。

吉玛解释说："凯瑟琳在学年中期突然转来。很明显，她在原来的学校（唐屋）被欺负得够呛，她看上去又瘦弱又苍白，没什么自信。"青春期的少年总会有些荒唐行为，马尔堡高年级的男孩子们喜欢对新来的女孩进行评分，他们在女孩子们来吃晚餐时冲她们高举着餐巾纸，纸上写着女孩的得分。起初，凯特只有一两分，一个夏天之后，她的分数飞跃而上。第二年，她纤细的身材变得丰满而富有弹性。她依旧敏捷、动感十足，但脸上恢复了血色。她的朋友们回忆说她"完全变样了"。

"学校里的每个男孩都为她神魂颠倒。"吉玛宣称，杰茜卡也赞同。然而，住进了艾姆赫斯特女生宿舍的凯特从未真正对这些新来的关注产生兴趣。她送出过几个天真的吻、若干个无伤大雅的拥抱，但真正了解她的人知道，凯特在为某个特殊的人而保持矜持。如同所有聚集了有钱有势但缺少父母关爱的孩子的学校一样，马尔堡也免不了出现青少年的狂野行为。偷偷带进宿舍的酒水，藏匿在口袋里的香烟，青少年间的挑逗将笨拙的小伙子和端庄的姑娘变成了性冒险家——但凯特不在此列。她的校友杰茜卡说："她在学校从没有真正的男朋友。她很漂亮，很多小伙子都喜欢她，但他们只是在她脑中一闪而过罢了。她从不喝酒抽烟，很有活力，有家庭观念。"

她接着说："凯瑟琳最大的一个优点是始终能把握自己。她从不允许自己受他人影响，绝不搅进那些事。她到现在也不怎么喝酒，当然更不抽烟。你更有可能发现她去野外散步，而不是去夜总会。我们有时坐在一起谈论学校里我们喜欢的男孩子，但凯瑟琳总是说：'我一个都不喜欢，他们太粗鲁了。'接着她会开玩笑地预言说，'没有人能和威廉相比。'我们总是说有一天她会遇上他，他们俩会终成眷属。"

凯特或许和朋友们闲聊过中意的男孩子，不过在学校那种用吉玛的话说"半数人都发生过性关系"的地方，她对性的态度绝对算得上保守。

然而，凯特并不是唯一一个梦想着嫁给威廉的姑娘，和她怀有同样梦想的女孩成千上万。此外，威廉当时已出落成高大的年轻人。不过，这个十来岁的少女相信命运青睐自己。当他们的照片同时出现在马尔堡简讯的体育版上时——凯特打曲棍球，威廉打马球——她相信彼此的脚步由此相会。一名校方人士说："她把那张照片称为'天命'照，因为她真的认为命运会将他们带到一起。有些女孩认为那不过是个梦，可是现在看看究竟是谁在做梦？她得到了她的男人，或许冥冥之中真的早已注定。"

正是在那时，年轻的凯特与神气活现的冒险家威勒姆·马克思分手了，后者或许"微微地"伤了她的心，但两人依旧维持着友谊。多年之后她撇下王室男朋友和他去夜总会，一度又成为人们的话柄。

有人说是卡罗尔一手设计了凯特的大学选择，为的是让自己的女儿能够诱捕到未来的国王。这种说法完全失实，却被人津津乐道。

像很多即将成年、准备迈入大学生活的青年一样，威廉决定休个间隔年。2000 年 8 月，当他得知自己的 A 等成绩时，已在伯利兹的丛林里准备完毕，要和威尔士兵团一起前往智利参加生存训练。威廉的间隔年的大部分时间是作为国际雷励组织的志愿者在南美度过的，这些丛林训练对于他来说一半是冒险一半是生存所需。

凯特也在着手筹备自己的间隔年。不过，她的旅途没那么艰险，也更贴近她即将就读的圣安德鲁斯大学的艺术史课程。凯特计划在文艺复兴的中心佛罗伦萨待上三个月时间，浸淫在历史文化与开阔的思维中，享受一个轻松的假期。在乌菲兹美术馆的长廊里，在铺着卵石的街巷间，她可以亲眼目睹接下来的十月间将出现在课本中的珍宝。她的准备工作主要是在不列颠学院预定语言课程、安排住宿、研读城市指南、与朋友和家人激动地讨论旅行计划。

当圣詹姆士官方面扬扬得意"高兴地宣布"王子的 A 等成绩（艺术史 B，地理 A，生物 C）时，漂亮而无忧无虑的凯特正在巴克夏的家中拆开成绩单信封。确信自己入学无忧之后，她一头扎进佛罗伦萨。与此同时，一个月前刚过完十八岁生日的威廉飞往伯利兹的潮湿丛林。他与士兵一起摸爬滚打，脱下牛仔裤和棒球帽，换上丛林野战服、软塌塌的宽边帽和笨重的军靴，每日的饮食完全按照部队口粮供给。

在此期间，凯特往家里寄明信片，与旅途中结识的朋友合影留念；而威廉的"明信片"则正式得多。十月、十一月和十二月，他在各种公开场合留影。援引联合社的说明，照片上的他正在与十岁的玛塞拉·赫南德-瑞奥斯分享笑话，并在托托尔小镇教英语。还有一些他和小亚历杭德罗·埃雷迪亚的照片，这个六岁大的男孩骑在威廉宽阔的肩膀上。未来国王的另一些照片则是他在低矮的茅房边，拿着木头将标杆砸进酸性土壤里。

凯特的生活没那么紧张。这段时间里，她和一名叫哈利的男孩打得火热，也免不了被佛罗伦萨时尚艺术吧的意大利服务生苦苦追求。该艺术吧以其波希米亚顾客和鸡尾酒而闻名，凯特和她的同伴沉迷于这座城市的艺术气息之余，这家艺术吧也立刻成了他们的钟爱之地。笨拙的年轻人和经验丰富的情场老手都千方百计想与这名有着灿烂笑容的魅力女子攀谈，但均以失败告终。"她会设法摆脱你，但同时仍令你自我感觉良好。"一名失败者回忆。其他人对她的感受则没那么自信。哈利显然弄砸了，他们俩分了手，留给凯特一团糟的情绪，或许还有那么一点儿年轻人的伤心——第一次刺痛心灵。

没了哈利的打扰，凯特全身心地投入学习研究。她前往佛罗伦萨旅行的原因之一是去该市的不列颠学院学习语言。她和另外四名女孩子合住一间顶楼公寓，几个女孩子对中央教堂和其他艺术珍品的兴趣不谋而合，她们会花上数小时望着曲曲折折的街巷，惊讶地凝视着那些瑰丽的建筑，几乎不相信这一切从罗马时代起便已存在。

夜晚则是在艺术吧或其他类似的场所度过，不像有些过度放纵的学生，凯特通常只饮几杯葡萄酒，她非凡的自制力和道德规范在那时便已然形成。

当其他人尝试毒品之时，凯特从不参与，但她既未因此感到拘谨，也从未遭到冷遇或嘲讽。恰恰相反，她迷住了每一个遇见她的人。一名与凯特年龄相仿的学生说："那些意大利酒保喜欢凯特。而且，因为他们对她着迷，其余姑娘也跟着沾光，可以得到免费酒水。他们被她的美貌和英格兰玫瑰般的魅力所吸引。"不过他们只能远观。凯特从不给她的意大利仰慕者丁点儿机会，或许她已经将目光投向了比这些拉丁浪子更高的目标。无论其中原因究竟为何，她在当时始终表现得很冷淡。那时候，她和威廉都不知道，两人的第一次邂逅即将来临。

威廉本应像其父一样进入剑桥三一学院，但他已决定放弃传统，去圣安德鲁斯大学。圣安德鲁斯是一所古老且广受赞誉的高校，但此前从未成为未来国王的选择。

威廉跟随自己的直觉，毅然选择了这个海滨小城。他认为在这里可以得到在南方的大学里得不到的些许隐私。与此同时，凯特正焦急地等待着大学课程的申请结果。和威廉一样，她开始着手准备课程，而正是其中一门课程将使她有机会遇见王子，长久以来唯一令她朝思暮想的王子。

第四章

青年偶像

Teen Icon

我父亲总是教导我要以平等的方式对待每个人，我也始终如此。我确信威廉和哈里也一样。

——1997 年威尔士王妃戴安娜接受《世界报》采访

这次旅行的背后并没有什么特别的意义，只是又一次家庭滑雪之旅，威廉和哈里王子在母亲去世七个月之后与父亲共度的一段期盼已久的时光。就在三位王子去惠斯勒和英属哥伦比亚的山区享受四天的山地假期之前，一项针对王室出行陪同人员的限制草案已在加拿大出台。

没有人，包括查尔斯王子最亲信的顾问和王室专题记者——包括我——知道公众将会怎样评价这困境中的三人。查尔斯仍然得面对来自公众的大量指责和怨言，他们认为他应对戴安娜的死负责。

与此同时，关于两个伤心的孩子的报道则引发了公众的同情和悲伤。自母亲去世以来，威廉和哈里已承受了太多的目光。没有人会忘记，1997 年 9 月 6 日在威斯敏斯特大教堂，他们在母亲葬礼上表现出的沉着，以及在整个公开追悼期间，走在哭泣的陌生人之中，检视人们摆放于西伦敦肯辛顿宫门前和路边的鲜花与卡片的情境。面对巨大的不幸，威廉表现得尤其坚强。他比当时还不满十三岁的哈里高出一大截，也成熟得多，而哈里看上去则幼小脆弱得令人心碎。从威廉的脸上，你很容易忽略这样一个事实：他也是一个失去母亲的孩子。还差三个月才十六岁的他面对镜头仍然羞涩、忧郁，会突然脸红，像所有十几岁的青少年一样懵懵懂懂。

1998年3月24日，这支王室小团体惴惴不安地抵达温哥华机场。此次以家庭度假为唯一目的的行程只安排了少数公开露面，以答谢王室的忠实拥护者，并满足闻风而动的新闻界。然而他们刚刚抵达这个国家位于西海岸的首都，便发生了一件大事——一件足以令这次旅行成为十几岁的威廉王子人生分水岭的事件。从他踏上加拿大的土地的那一瞬间，一个新的现象诞生了："威尔士狂热症。"

数百名狂热的女性青少年为她们的英雄等待了数小时，当他终于出现时，人群立刻陷入疯狂。她们挤过警方封锁线，哭泣着，尖叫着，挥舞着条幅，用各种直白的方式表达对这位年轻王子的爱慕。这惊人的一幕足以令大多数老到的公众人物目瞪口呆。如此疯狂的崇拜使人联想起鼎盛时期的披头士，当年，狂热的女粉丝们尖叫到昏厥过去，被拖出人群。

作为王室记者，我从未见过类似情况。面对这群毫无顾忌的年轻人，连戴安娜的崇拜者也会甘拜下风。随行去加拿大的媒体人员大约有三十人——摄影师、记者和电视台工作人员。说实话，我们全都手忙脚乱，但这个故事堪称梦幻。稿件满天飞，我昔日的同事理查德·凯、查尔斯·雷和我四下飞奔着为各类消息搜集佐证、做备注、分类、发回报社。我们知道自己正见证着一名王室偶像的诞生。他不是戴安娜的替代品——在过去的这段时间里，没有任何事件能引发如此的热烈、如此的痴迷。这是某个全新的事件，这是经历了几个月的消沉与低迷之后爆发出的雀跃，而你会不禁被这种突如其来的巨大热情所感染。

然而，新王室英雄的诞生绝非这么简单。我们这批记者个个热血沸腾，很容易忽视一个事实：威廉，这个高大、健美、英俊的年轻人，还只是个孩子，一个不得不承受着巨大的期待、面对压力的十几岁少年。若不是威廉当时由着性子，并确保新闻界和他的顾问都明确意识到这一点，他的极度困窘很可能就被人们轻易忽略了。

起先，他尽力掩饰自己对眼前这种极端追捧的不适，但我们很快发现，每一秒都令他难以忍受。参观位于市中心的太平洋空间站本应是一次私人活动，可当他到达时却有大约五千名女孩子尖叫着迎接。母亲的去世让他在众多纯情少女眼中变成了浪漫的、带着悲剧色彩的英雄。面对眼前的景象，哈里和威廉惊呆了。哈里之所以感到困惑或许更多的在于这些少女并非为他而尖叫；威廉则是被大批崇拜者吓坏了。

"看看他！我已经在我的墙上贴满了他的画像。"一个女生说。

"他们应该设立一个全国性的节日，就叫威廉日。"另一个尖叫着。

可怜的小伙子不知道该看哪里。他目光低垂，羞涩的笑容一如已故的母亲。在这样的场合下，威廉显示出了极好的意志力，花了十分钟与大家握手、接受祝福者的礼物。他的笑容不止一次悄然从脸上消失，然而每一次都面带歉意。

一名目击者说他看上去几乎要哭了。我当时离他很近，但并没有见到那一幕。不过小王子的不适是显而易见的，他迫不及待地想进去。当他最终离开人群，周围只有父亲和随行人员时，瞬时间好似天崩地裂。威廉受够了，他拒绝进行接下来的安排。安慰威廉的任务落在了他焦虑的父亲身上，查尔斯优雅得体地——很多人认为他不具备这种素质——哄着少年，让他从崩溃的边缘平静下来。查尔斯与威廉倾心交谈，他的新公共关系助理马克·博兰德则一筹莫展。之后，由博兰德出面试图与狂热的新闻界交涉，但他面对举国热情的少女无能为力。我们被告知，王室希望我们的报道"更平和，更冷静"。

在英国方面，博兰德发现不太可能与远在千里之外、舒舒服服坐在办公桌后散布危言的评论员们达成一致。那些自诩为年轻王子的利益着想的人尽力抹杀我们在现场所报道的景象。然而这并非我们编造出的事件，人们的反应是真实而自然的。那些评论员中的代表人物，《每日快报》的专栏作家玛莉·肯尼认为，男孩们在母亲过世后过早地被暴露在公众视线之下。她写道，"戴安娜被全球人崇拜。作为戴安娜的儿子，威廉和哈里无论走到哪里都得背负这种光环的影响。但如果戴安娜王妃还活着，她会希望长子从十几岁就开始承担王室责任吗？"

言下之意是她不希望。文章矛头直指查尔斯和他的官员在利用戴安娜的儿子，这已经不是第一次了。正如戴安娜去世后几年中经常发生的那样，查尔斯的批评者忽略了一个简单的事实，那就是尽管针对哈里的父亲有种种卑鄙的不真实的报道，但孩子们是他的儿子，他无条件地爱他们，愿意做任何事情去保护他们。然而，现实是艰难的。威廉访问的是一个英联邦国家，总有一天他会成为他们的国王，彼时他将如何躲避仰慕他的公众呢？况且，他们又怎能控制甚至阻止公众对威廉的情感的自发流露呢？精灵已经从瓶子里被释放，即便是马克·博兰德那样的资深媒体事务官员也无法将它重新封回瓶子。此外，一旦威廉适应了这种场面，他作为王室新星的角色对其家庭并无不利。

带着初始的紧张与不安，威廉开始扮演起自己的角色。或许，仅仅是或许，他开始喜欢上这个角色了。就在英国媒体拦下前往加拿大落基山滑雪场的直升专机准备拍照之际，他展现出了其父从未有过的青春信念以及对真实世界的把握能力。当时，三位王子被赠予冬奥会代表队的火红色"Roots"帽子，这种帽子应该帽檐冲后戴，但用不着猜也知道，查尔斯戴反了，威廉大笑着纠正了他，并在此过程中抢尽父亲的风头。威廉，这位酷王子，成了媒体的英雄。

　　这与我 1995 年在瑞士克洛斯特斯的王室滑雪之旅中第一次遇见的威廉大不相同。当时威廉十二岁，我对他作了首次简短采访，并拍摄了他与他弟弟及堂妹约克公爵夫妇之女碧翠丝和尤金妮公主的合影。那次采访的主意来自于皇家海军司令理查德·艾拉德，也由他一手促成，就像众多之前和以后的大臣一样，他相信自己知道如何应对媒体并提升上级的形象——尽管正是他公开表示王子身边的人不应回应媒体。除了年龄，好心的司令包办了所有问题。我当时问威廉："谁滑得最好？"他微笑着，不打算承认弟弟比自己强。

　　"这两个，"他指着堂妹，"滑得非常好。"对于如此年轻的孩子而言，这堪称相当巧妙的外交托词，是对我的问题的一记顽皮的回击。是的，整个采访过程的细节都经军方——或者毋宁说海军——精心安排，威廉知道将被问到什么样的问题。然而，你不能就此低估一对一面对媒体是多么伤脑筋。在山坡上的那次低调互动已然显露出了王子幽默、镇定的气质，而这一性格则在三年后面对加拿大新闻界的那一周里展现无疑。

　　在这些年里，威廉将经历多种性格变化。相对于公众心目中的浪荡公子哈里——时常出入于脱衣舞酒吧，爆出艳照门事件，闹得满城风雨——威廉也并非生来自命清高。他的性格是在充满烦恼而备受瞩目的青春期塑造而成的。若不是偶尔对反感的人表示出一些反抗，他就无从真正展现出人性的一面，或者说得直白些，就会显得了无生趣。若没有这许多相互矛盾的影响，以及无伤大雅的孩子气的任性和青春期狂野，他更不会成为如今的王子。如今的威廉经常令那些喜欢简单地将他归类的预言家们惊讶。他时而异常敏感——他母亲曾担心他会像自己一样过分敏感，无法适应王室生活的要求——时而又豁达乐观。这是个戴着棒球帽、穿着胳膊肘上有个破洞的毛衣拍摄官方肖像的王子，是个像普通孩子一样去游乐园的未来国王，他踢足球、紧跟时代潮流、和朋友们一起喝酒。但尽管如此，他并非一个纯然属于当下时代的男性。

　　家对于威廉而言仍然意味着各座宫殿和府邸，那里的墙上挂满了精美绝伦的艺术品以及每个季节狩猎周末的战利品。这个"敏感的"年轻人喜欢打猎、钓鱼，能满载兔子、松鸡和雄鹿而归令他十分自豪，这似乎与他性格中的另一面截然相反。他也打马球，早年钟爱的酒吧是 H 俱乐部——一家由威廉和哈里在其父位于格鲁斯特的庄园海格洛夫里创办的酒吧。

　　这么多年来，威廉生活的方方面面，包括他对女性的品位，都在传统与不确定的现代中摇摆。他的名字经常与流行明星、名模以及外国领导人的女儿们联系在一起。同样，种种或真或假的关于威廉和各色面颊红润、活泼开朗的贵族千金以及时尚女孩们调情的爆料也层出不穷。他是个充满矛盾的人，但这似乎更能吸引异性的注意。

　　威廉的公共生活和私生活始终是人们热议的话题。他知道自己所肩负的责任要求他在某种程度上为国家而牺牲自己，因而并未完全沉浸在个人的需要和欲望之中。他逐渐摸索到了在父母的私人和公开生活中长期缺乏的平衡，这或许部分得益于他发现了凯特。这个女孩能够理解他的冲突性格，能够理解他作为一名现代王子在生活中所需面对的不同要求。基于他的王子身份，他们之间的接触所采取的方式使他可以随时全身而退。当报纸开始将凯特描述成"新戴安娜"时，凯特的声明则更多地注重于自己与戴安娜王妃的不同点，而非相似。是的，她或许再一次为王室注入了年轻的魅力与浪漫。但更重要的是，威廉眼中的凯特是一个理智而优雅的女性，即便在情绪化时也不会提出过分要求。对于一个经历了威尔士王室之战的男孩而言，这有如福佑——尤其是当时他母亲如此依赖于长子，而彼时的他还只是个小男孩。

　　第一则坏消息传来时，威廉和哈里还在睡觉。大约凌晨一点，查尔斯王子被叫醒，并从电话中得知巴黎阿尔玛隧道里出了车祸。他被告知多迪已经死亡，前妻受伤。王子叫醒了女王。下一刻，噩耗传来，戴安娜去世。这个被自责与悲伤折磨着的可怜男人被击垮了，哭泣着。

当时的情境一定异常痛苦。女王明智地建议不要叫醒孩子们。"让他们睡吧。"她劝道。她深知在接下来的日子里，纵然他们渴望睡眠带来的忘却和安慰，睡眠却不会轻易降临。他们还在睡梦中，查尔斯则在走廊里来回踱步。一想到要将这个噩耗告诉儿子们，他便不寒而栗。为了克服恐惧，他独自去了荒野。早晨 7 点回来时，威廉已经醒了。查尔斯的眼睛因流泪而红肿，他走进威廉的房间，宣布了噩耗。他们头一次紧紧拥抱着。坚强而敏感的威廉在生命中最痛苦的时刻想到了自己的小弟弟，他还在隔壁卧室里。查尔斯和威廉共同担负起了告知哈里的任务。他们静静地解释说戴安娜受伤了，医护人员已经尽力，但没能挽救她的生命。父子三人搂抱在一起，放声大哭，悲恸的声音回荡在古老的宫殿里。他们此生从未有过这样的经历。

在母亲去世后的阴郁日子里，蒙受巨大损失的威廉将深沉的悲伤化为庄严的人格力量与尊严。查尔斯则表现出他的批评者意料之外的温情。戴安娜的哥哥斯宾塞伯爵显然不喜欢查尔斯，在威斯敏斯特大教堂举行的葬礼上，他在对其妹的悼词中或隐讳或公然地指责王室。他坚持认为孩子们应该交由戴安娜的"血亲"抚养，言下之意只有她的亲人才能给予他们最好的成长环境，将他们从王室那纯正、传统却冷冰冰的气氛中拯救出来。

这番言论令查尔斯厌恶，也刺痛了他，或许部分原因在于它产生了共鸣。传统的王室教育在自己身上成功了吗？戴安娜参观孤儿中心、主题公园、快餐店的举动看似如儿戏，也曾一度令他感到尴尬。但查尔斯看得出，她热情、新颖的方式已经获得了成效。尽管父母的情感生活一波三折最终离异，但威廉和哈里健康成长，开朗而充满自信。

查尔斯意识到，现在要由自己来确保孩子们不被与生俱来的职责压倒。他取消了近期的所有会见。戴安娜曾经对他是个隐形父亲的指责在他脑中回响。如果说当初他是个不合格的丈夫，那么现在她走了，他不会在抚养他们珍爱的儿子这件事上再次令她失望。查尔斯将自己扔进单亲父亲的角色。他带着哈里对南非进行正式访问，更多地听取他们的观点，并开始尝试现代生活。上一分钟他还在与辣妹合影，下一分钟他又抱着感染艾滋病的儿童。查尔斯在逆境中成功了——他的儿子们也同样。

鉴于威廉与母亲的密切关系，熟悉他的人不禁惊讶于他恢复得如此之快。其实，早在当初他母亲以他作为情感支柱之时，威廉便已表现出自己的力量。现在，他意识到哈里和父亲需要自己，也显示出了同样的慷慨精神。哈里的麻烦更大些。原先那个合群、顽皮的小男孩突然间消失了，他把自己封闭起来，就像一觉醒来发现父母离婚的那天一样。不过随着时间的流逝，在威廉、查尔斯和"大姐姐"泰姬的帮助下，他渐渐恢复了。他独自一人的时候，泪水依旧会流淌，但戴安娜不会回来，生活还要继续。

然而媒体的不配合令他们着实苦恼。报刊上时不时刊载出关于戴安娜的逸闻，她的照片也会出现在头版头条，他们正努力适应的那种喧闹的哀痛似乎愈演愈烈。他们为父亲鸣不平，被加于他身上的不公正的指责深深伤害。戴安娜去世一年之后，王子们决定有所行动。他们发表了一份感人的声明，呼吁停止公众哀悼以及所谓的"戴安娜产业"——对威尔士王妃的商业利用。威廉对以母亲之名明目张胆获取暴利的行为尤其愤怒，比方说，戴安娜的纪念基金会将她的名字用于人造奶油桶。

两位王子坚信他们的母亲"希望人们继续向前，因为她知道对死亡的无尽追忆无法创造任何价值，而只能给身后人带来痛苦"。他们因为母亲的亡故被一而再再而三地提及而苦恼，为由此引发的无休止的猜测和阴谋论而苦恼。这其中很多是由穆罕默德·阿尔·费伊散布的。阿尔·费伊的发言人对此做出了尖刻回应，说在把儿子的死因弄个水落石出之前他不会罢休。

男孩们的声明发表在威廉和弟弟返回伊顿的当天，这是威廉的主意，但并没有收到效果。他们不得不在阴谋论的阴影之中再度过十年。尽管如此，威廉在伊顿的表现依旧出色。他的舍监安德鲁·盖雷博士，一名来自北爱尔兰的可敬的法学史家和音乐爱好者，精心呵护着王子，晓之以理，动之以情，并在威廉寻求重建生活之际给了他至关重要的积极影响。威廉很努力，他不仅证明自己是十年以来伊顿最棒的低年级游泳健将，也成了校游泳队队长。此外，他还担任农业俱乐部的秘书长，并获得伊顿的荣誉之剑——学校在第一年军训期间颁发的最高荣誉。这，就是那个踏上加拿大的停机坪并点燃"威尔士狂热症"的年轻人。

他不再是一个叛逆的校园男孩，但也并非仅仅俯首待命而已。他不畏任何挑战。一名大臣说："上帝保佑那些打算告诉威廉该怎么做的人吧。他会听，但绝不会被体制推着走。"当威廉结束中学生涯，面临选择继续深造之地的问题提上日程后，这一个性更是展现无遗。

很久以来，给王子设定的规划就是追寻其父的足迹，进入剑桥三一学院。当初查尔斯的决定是由顾问委员会做出的，但威廉拥有更多自由，而他牢牢抓住了这个机会。他将不再遵循为他制定的牛津剑桥路线，他将告别传统，走向圣安德鲁斯。

第五章

我们最美好的时光

Best Days of Our Lives

我自己购物。出门，打包、租碟片、去电影院，基本上就是我想要的。

——威廉王子的大学生活

　　约三千名围观者在圣安德鲁斯所在的东海岸小城的街道上排起长队。这个小城与杜伦、牛津和剑桥一样，由"市民与学者"组成。2001 年 9 月 24 日早晨，当查尔斯王子试图驱车进入圣萨尔瓦多学院由卵石铺成的狭窄入口时，所有的目光都落在了这辆深绿色的沃克斯豪尔欧米伽轿车上。

　　查尔斯在一栋哥特式钟楼前停下车，一阵疾风掠过著名的王室高尔夫球场。一群好奇的学生聚集在这古老的球场内，安静地高举着反战标语，在干爽的秋日晨曦中瑟瑟发抖。他们预先准备好了这次和平集会，希望能够抓住当天最受瞩目的事件的契机：威廉王子入读大学。

　　身着牛仔裤、运动鞋和柔软的毛衣，一身标准的现代大学生打扮，十九岁的威廉面对专程赶来的欢迎人群似乎有些震惊。威廉立刻调整好自己，现出他招牌式的露齿微笑。灵巧地下车、展现了得体的微笑之后，他大步向前，对校长布莱恩·朗博士伸出手。朗和大批学术要人站在一起，位置较其他人略略靠前，微笑着急切地想见到这名尊贵的学生。这名学生虽贵为王子，却将得到与其他新生同样的待遇。

这所古老的学校将成为威廉今后四年的学术之家。如果说他对未来的事情有些紧张，那么至少尽力没有表现出来。

在王子抵达的前几周，朗已经得到消息。他恳求媒体尊重王子和其他学生的心愿，让他们能够不受到频繁干扰，专注于各自的学业。然而，在紧闭的橡木门后，朗一定已经为威廉的选择将给学校带来怎样的商机而悄悄庆祝过一番了。

圣安德鲁斯创立之初便声名远扬。回溯历史，它是苏格兰最古老的高等学府。学校占据着小城的中心，俯瞰着大片沙滩和世界著名的海风肆虐的高尔夫球场。得益于威廉的决定，申请该校课程的人数上升了百分之四十四，有些夸张的报道甚至声称，女学生们获知威廉入校的消息后，已经订购了婚礼礼服。

威廉浑身上下散发着青年王子的气质，然而作为学生，他决心要融入群体，这也是他选择就读圣安德鲁斯的原因之一。他在这里的第一年将修习艺术史、地理和人类学。年轻的王子对有关王室反对他选择圣安德鲁斯的报道尤为不满，他责令王室助理否认关于王室长辈希望他进入牛津或剑桥的传言。王宫幕僚们坚称，王室对威廉背离传统的举动"感到鼓舞"，尤其是他的选择巩固了帝国与苏格兰的纽带。

威廉在进大学前一天的采访中解释了他的选择。他说自己之所以放弃爱丁堡大学，是因为那座城市太大太繁忙。他声称："我的确热爱苏格兰。这里幅员辽阔。我喜爱山峦，圣安德鲁斯有一种真正的乡村气息。我从未在沿海地区居住过，这也会是个不一样的经历。我希望能遇见意气相投的人，不会在乎他们的身家背景。"

我相信抱有平等主义观念的王子说的是真心话，尽管他选择的大学中曾接受过私人教育的学生比例高居全国大学榜首。

　　然而，无论威廉多么渴望悄悄步入大学生活，他的身份注定他必须做出些许让步。他推迟一周到校，避开新生周。人们所熟知的这疯狂七日通常安排在学期正式开始之前，以便新生做好投入学习生涯的准备，减少今后学习的难度。威廉没有参加醉醺醺的新生派对。"那有可能令媒体疯狂，"他说，"而且对其他学生也不公平。此外，我觉得自己可能最后会倒在阴沟里，而那一周认识的人到头来也不会成为我的朋友。再说这也意味着多享受一周假期。"

　　这是篇精心组织过的声明，经由王室公关人员把关，显得乐观又积极。威廉说得都对，但他的话也触及了即将成为他大学生活特色的一个因素。对于大多数学生而言，与新生周的乐趣相伴的还有各种不堪回首的糗事。如果被拍下了不雅照片，或者出现了某些鲁莽的交往，稚嫩的小学士们通常所要面临的最坏情况或许是宿舍里的捉弄或院长的怒吼。但身为未来的国王，即便他由衷希望自己能与常人一样，倒在学生酒吧外或者某个学生的床上的事件又怎能不引发道德谴责和内阁大臣们的公开辩论呢？其他的学生担心他们的同龄人会怎么想，或者校方是否会通知他们的家长，威廉则要认真考虑国家期望自己成为怎样的学生。他要稳重，要放弃寻欢作乐，要明智地择友。

　　威廉在读大学预科时的采访中已经表示，他相信自己有能力估测陌生人的诚意。"那些试图从我身上占便宜、捞油水的人，我很快就能识别出来并摆脱他们。我不蠢。"他说。毫无疑问，面对女性，他也有同样的信心。

　　在遇到凯特之前，能与他融洽相处的女生可以归纳为这样一类：高挑、苗条、长腿、金发碧眼、富有、姓复姓甚至是三姓。她们或许还没有与他建立任何深厚的关系，但她们都很风趣，拥有"正确"的家庭背景，属于他那个圈子里的人。当然，有些猜测纯属无稽之谈。威廉十八岁时，有报道说他和美国流行天后布兰妮·斯皮尔斯之间通过电子邮件保持着某种暧昧关系。在公开场合下，这个暗示颇有嘲讽之意；可私下里，威廉觉得既滑稽又有趣。

当威廉开始大学生活并准备拥抱更多的自由时（限制依旧存在），他也意识到了自己对女性的吸引力。不过一名曾与他交往的贵族女性透露，他开始厌倦那些传统意义上适合他身份的姑娘。她说："他被有冒险精神的姑娘们吸引，他自己也喜欢挑战。但他以前交往的很多贵族小姐对他而言是个大麻烦。很有趣，他选择了一个普通的中产阶级女孩。这是因为她没有那些贵族女孩的毛病，比方说厌食、吸毒、饮酒。他不想沾上这些麻烦。"

然而，威廉也得处理自己以前的一些问题，这名消息提供者言简意赅地说，他要为凯特"做好准备"。

虽然威廉进入圣安德鲁斯之前与很多女孩交往过，但没有一个对他而言是真正特别的。在他二十一岁生日的采访中，威廉坚称自己没有固定的女友，但他说如果合适的女孩出现，他会有所行动。和父亲一样，威廉似乎为这些女孩与王子约会所产生的冲击而烦恼。"对于我结交的每个姑娘，人们都有很多猜测，事实上过一阵子我就不再为此兴奋，其中主要原因在于，对于女孩子们而言，那纯粹是一种痛苦。"他说，"这些可怜的姑娘，你知道，哪怕只是我刚刚结识或者合了张影，又或者是我的朋友，都会突然间被抛入闪光灯下，而她们的父母也会陷入电话之类的困扰。我认为这其实对她们有点不公平。我习惯了，因为时常发生。但对于她们却很难。我根本不喜欢那样。"

他一如既往小心地不让媒体对某个特定女孩产生猜测："我没有固定女朋友。如果我中意某个女孩，如果我真的喜欢她而她也中意我——这种情况很少——我会约她出去。不过与此同时，我不想让她们处于可怕的境地，因为很多人不太理解：其一，结识我意味着什么；其二，如果她们是我的女朋友，将会引发怎样的兴奋。"

除了姑娘，校园生活对于年轻的王子无疑也是一次冲击。无论威廉如何宣称自己渴望"在一种轻松的氛围里"安排自己的时间，事实却令人气馁。尽管他主张平等，又经历了间隔年的调整，但在任何一所王宫里，他仍享受着王子的全套舒适生活。住在巴尔莫勒尔宫、海格罗府、白金汉宫、温莎城堡、桑德灵厄姆庄园或克拉伦斯宫时，威廉被秩序与华丽包裹着。他通常七点半醒来，男仆会将盛着一壶咖啡和一些饼干的所谓叫醒托盘送进房间。托盘就放在床边的桌子上。威廉喝不加糖的黑咖啡。男仆打开收音机，调到 BBC（英国广播公司）四台，以便他收听最新消息。接着，男仆——而不是威廉——拉开窗帘，让早晨的阳光照进房间。

威廉通常会直接起身，刮胡子，沐浴，做加拿大空军练习——一套整整十一分钟的仰卧起坐、俯卧撑、伸展、原地跑练习，这套方法是从他的父亲和祖父菲利普亲王那里习来的，因为适合在自己的房间里完成而深受小王子喜爱。此时，一名衣帽男仆会放好当天他要穿的衣服，不过他不会立刻换装，而是套上套衫和牛仔裤，前去享用包括冷牛奶麦片和新鲜水果的早餐。通常，他不会去碰那些每天都供应的全套英式早餐。

尽管已经在寄宿学校尝试过较少特权的生活方式，但当威廉抵达圣安德鲁斯的学生宿舍时，房间在他眼里一定显得狭小不堪。他带着被子、枕头、电视、音响、一只装满了衣服的大箱子、个人用品以及从暑期校方寄给学生的令人望而生畏的推荐阅读书目中选出的书籍。接下来的一天，他要领学生卡，并着手准备关于文艺复兴艺术的第一篇演讲。

威廉动手把自己的小房间布置得更有家的味道，挂上照片，整理书籍和文件。走廊里，他的伦敦警察厅私人保安官——一个他身份特权的忠实提醒者——也在做着类似的事。宿舍大楼的另一层——男女生分宿舍混住的楼层——自信的凯特·米德尔顿已经告别了家人，正和威廉一样，经历着人生新阶段的焦虑和兴奋。对于威廉而言，意识到自己的生活仍在家庭的审查和控制之下，兴奋劲被冲淡了些。就在他期待着找到自己中意的女孩的同时，女王、菲利普亲王和大臣们早已准备好适合的女孩们的卷宗，她们之中或许有人某日将成为未来国王的新娘。女王和菲利普敏锐地察觉到威廉正打算享受他的大学生活，他们公开表示希望他尽早安顿下来。

自威廉进入圣安德鲁斯伊始，凯特——当时还算不上真正的社交高手——便成为他初步建立的朋友圈中的一员。像威廉一样，凯特也休了间隔年，且其中一段时间是在智利度过的。两个人从最初便发现了彼此的共同点。凯特和威廉一样，给人的第一印象是害羞，但要想成为受欢迎的人物也并非难事。她也同样热衷运动，除了喜爱滑雪和骑马，中学时代还是颇有实力的曲棍球手和网球手，对帆船运动情有独钟。他们有不少共同点，都年轻、有魅力，是那种一杯酒、一杯咖啡或一次偶然的烧烤就能开怀畅谈，与你分享生活的人。

在大学生活初期，威廉最大的愿望是可以不受新闻界打扰，好好享受生活。为了这个目标，查尔斯王子办公室和英国媒体达成一致，他们会偶尔安排电话交流，王子也会回答一些问题，作为回报，威廉将不受打扰地学习、娱乐。

总体而言，这个协定起了作用。圣安德鲁斯的确仍有狗仔队出没，也确实拍了些怪异的照片，但大多数报刊编辑并未将其发表。然而，休战是短暂的，学校校长，前《星期日时报》编辑安德鲁·尼尔（他在这家广受尊敬的报刊任职期间连载了安德鲁·莫顿撰写的戴安娜传记）知道这一切难以长久。不过，除个别情况外，协定基本得到了执行。

威廉最初几个月过得相对顺利。新闻协定得到遵守，这意味着威廉可以轻松自如地投入校园生活。他仍在积极组建一个值得信任的核心朋友圈，寻找一些他可以信赖、忠于他的人。他仍在探索自己的道路。帮助他组建圈子的朋友之一就是和他住在同一栋宿舍楼里的凯特·米德尔顿。

他们的房间只相差一层楼，借用圣萨利楼里大家熟知的说法，凯特和威廉用不着约定就能轻易碰面。二人的生活脚步自然而然趋于一致。他们会在同一间酒吧相遇，甚至一起打网球。凯特是名好手，中学时曾代表学校参加运动会。威廉偶尔也会邀请朋友们去他房间喝一杯，凯特总在受邀之列。然而在大学第一学期，威廉很有理由不特别注意凯特，至少不带有浪漫色彩。

开学仅仅几周，威廉便结识了一名黑发美女卡莉·玛西-柏驰，二人一见钟情，关系亲密。她天生的超然与优雅迷住了王子。恋情持续了大约两个月。2001 年 10 月，这对情侣同意分手。据她母亲咪咪·玛西-柏驰说，卡莉和凯特之间并无隔阂。她们二人以及王子仍然是朋友。她在威廉和凯特结婚前说："事实上，他们三人是最好的朋友。卡莉有了自己的伴侣，两人恩爱有加。她真心希望凯特能嫁给威廉，这样她就能铁定参加婚礼。如果威廉爱上了其他人，恐怕她就无缘参加他们的盛事了。"

与卡莉分手之后，威廉多了一些不安全感，变得更不开心、更焦虑。或许不确定、恋家、幡然觉醒正是通常大学生活的另一面，但却出乎他的意料。2002 年 4 月，首批报告显示王子的大学生涯并不顺利。他似乎对课程不满意，对周遭也感到厌倦，正考虑换个环境。或许是爱丁堡大学，那里的城市迷人而繁忙，也许会是个更好的去处。毕竟，圣安德鲁斯所在的苏格兰海滨小城除了几家酒吧再无其他，勉强算得上迷人的多风海岬似乎也并非他所期望。

有报道说，王子很惆怅。他叔叔爱德华王子为了抗议其父的权威，一度在皇家海军陆战队的严格训练即将结束时决定退出，从而引来众多批评，这是王室一直避而不谈的丑闻。新闻界认定爱德华不合格，他们无情地提出各种质疑，从他作为王室成员的价值到他的性生活。人们不希望威廉也受到这样的伤害。此外，王子——尤其是命中注定要成为国王的——应该永不退缩。类似的事情再也不能出现。

第一学期刚结束，威廉回家过圣诞节时，对他决定选择圣安德鲁斯的质疑声便已在新闻界响起。这令他郁闷不安，觉得自己做出了错误的选择。他和父亲讨论，说自己愿意放弃四年课程。查尔斯起初表示同情，但也因此感到些许惊慌。王宫官员透露，查尔斯为儿子并不快乐的大学生活开端而担忧，他让自己的私人官员设计一套说辞，以使威廉能够名正言顺地退学。

当时王子身边的两名资深幕僚史蒂芬·林宝爵士和马克·博兰德被吓坏了。"这对威廉而言会是场人生打击——他会被视作逃兵——对君主制更是一场灾难，尤其在苏格兰。"一名王室助理吐露。

最终，查尔斯改变了计划。他告诉儿子，大多数学生需要花一段时间才能适应大学生活，强烈鼓励他"坚持下去"。菲利普亲王则更加严厉、直接，他用自己的招牌话语明确告诉威廉"继续"。

威廉在退学问题上的思虑和摇摆也与他和一名"漂亮的公关事务姑娘"的交往不无关系。有消息说，他在开学前与二十一岁的阿拉贝拉·马斯格雷夫过从甚密，尽管入学前他们都同意"冷淡下来"，但他仍难以忘怀。此外，结束了与卡莉的短暂亲密关系之后，他与凯特的交往虽然日益加深，却仅仅停留在友谊的层面。关于威廉依旧恋着阿拉贝拉的传闻或许是捕风捉影，但他的确更频繁地从数百英里之外回海格罗府度周末。

但威廉没有选择权。他亲口解释自己如何与退学的念头斗争时说："我认为关于我不开心的传闻稍稍有些过头。我不认为自己恋家，只是有些畏缩。"他承认自己遇到了问题，也承认父亲给予了极大帮助。"我们谈了很多，最后我们都意识到——我绝对意识到——我必须回去。"他补充道。然而被迫服从似乎并不能解决内心深处的忧虑。威廉虽然回到学校，却仍在寻思着找借口离开。

巧的是，另一名新生也处于摇摆与疑惑之中。凯特在为从中学到大学的转变挣扎。她有时会伤心，给家里打电话，为功课忧心。这是她和威廉成为知己后的共同之处，于是某些东西开始在他们之间流动。是凯特提出，威廉所需要的或许不是换个环境，而是换门课程。也是凯特真正化解了他第一学年不合格的危险，将其转变为一个完全可接受的决定：从艺术史专业转到地理专业——他一向感兴趣的学科。

威廉在去圣安德鲁斯之前就承认，自己"更乐意从事与环境有关的事"，这受之于他父亲早年的影响。换了学科，威廉立刻轻松许多，好似肩头卸下一副重担。他的社交生活也开始有了起色。原本面对社交圈子踌躇不前的沉默王子，现在成了凯特·肯尼迪全男士餐饮俱乐部的一员。而凯特则成为相应的女性俱乐部拉姆斯登协会的创始成员。作为社团交往的一部分，他们一起在当地的比萨店进餐，一起去城里的一家他们偏爱的学生酒吧马贝尔，当然，绝无任何出格之事。威廉喜欢喝啤酒和葡萄酒，但他更喜欢苹果酒。他白天很少饮酒，只喝矿泉水，至于可乐之类的碳酸饮料则早在十来岁就弃绝了。生活对于年轻的王子而言充满乐趣，于凯特亦然，似乎生活中有了某种更核心的东西。

凯特此时也因与未来国王的友情而为人们所知。2002 年 4 月，一幅凯特在学生慈善活动中走秀的照片引起了公众关注，照片中的凯特一头轻盈的黑发，上穿黑色花边抹胸，下着黑色比基尼短裤，威廉则显然看得如痴如醉。他花了二百英镑购得前排座位，只为不错过凯特的性感模特表演。一名学生向《星期日邮报》透露了这一情节，于是 2002 年 4 月 7 日，这则故事被冠以"威廉与其大学友人凯特共享一间学生宿舍"的标题刊出。当月早些时候，威廉还在退学的风口浪尖之上，现在，与凯特心心相印之后，他不仅留下了，而且开始着手寻找与凯特及另外两名朋友共居的住宅。

有学生透露："凯特是威廉决定去（时装秀）的真正原因，她是他形影不离的好友圈子里的一员，帮助他熬过了过去的几个月。她是个好女孩，也很有趣。然而他们只是朋友，没夹杂其他什么关系。他们四人打算第二年住在一起。"《每日邮报》采用了这种说法，指出凯特和威廉是"铁杆朋友"。但他们只触及了表面现象。直到此前为止，凯特一直躲在幕后。现在，她真正进入了公众视野。所谓的"朋友们"迅速联系新闻界，希望借机炒作，披露了凯特和威廉之间友谊的细节。

这正是威廉希望避免的。然而消息就像开了闸的洪水。新闻界曾经许诺不打扰威廉，但那仅仅是指在通常情况下，而不意味着他们会放过能吊足公众胃口、不容错过的消息。凯特的身上颇有可圈可点之处，完全符合大众兴趣。此外，报道里也没有任何负面之词。"他们相处得非常好。她是个可爱的女孩，很谦虚。她既充满活力又老成稳重，且对威廉一心一意，"一个值得信赖的朋友说。"她对他就像对待其他任何学生，不像许多女孩，尤其是那些美国姑娘，像绵羊一样围着他团团转，令他生厌。他只想与了解他、能让他展现自己真实一面的人住在一起。"另一份报道如是说。是的，他只是想和凯特住在一起。

当威廉开始计划从学校宿舍搬入校外公寓时，人们惊讶地发现他和凯特以及他们的朋友弗格斯·鲍伊德考察的竟然是当地住宅。出于隐私考虑，人们原本以为威廉会选择更远的地方。不过最终，这四人组的确搬去了稍远的居所——靠近圣安德鲁斯高尔夫球场的巴尔戈夫别墅。该地仍然离小城较近，便于威廉身边的"社团"精英们与他保持联系，但也离城足够远，可以避开窥探的目光。农场里有不少斯特拉斯提拉姆的房产，就在距城郊四分之三英里的 A91 公路旁。这片地产属于凯特最亲密的大学朋友艾丽斯·沃伦德的表兄弟。艾丽斯·沃伦德是一名艺术史专业的学生，其父乃著名艺术家乔纳森·沃伦德——十八世纪早期爱丁堡市长的后裔。凯特一向对艾丽斯信赖有加，再加上她的朋友布莱妮·丹尼斯和金妮·弗雷泽，她有了自己的闺蜜组合。日后，她将需要她们的帮助。

　　搬去农场标志着威廉生活态度的一大转变，有人将此归因于他的成熟，也有些人则认为是受凯特的影响。然而，当威廉和凯特的关系似乎正平稳发展时，出现了一个小问题：凯特已经有男朋友了。就在威廉按照父亲的建议，小心翼翼地避免在大学生涯早期卷入浪漫纠缠的同时，凯特爱上了一个名叫鲁伯特·芬奇的帅小伙。继与伊恩·亨利的浪漫史之后，他成了她的第二任正式男友。鲁伯特黝黑英俊，与凯特一样生就古典气质和运动型的健康体魄。他擅长多项运动，其中板球是其强项，曾带领学校板球队参加巡回比赛。他希望成为律师，也具备聪明头脑和魅力，倘若果真投身此行，定会成功。从很多方面而言，他和凯特相当般配，有些人甚至认为他比未来的国王更合适。

　　但随着与威廉的友情之花绽放，凯特一定感觉到自己被撕裂了，她与威廉的那些交流讨论、那些共同的信念，以及彼此敞开心扉的情境势必会在她的脑海翻腾。果然如此。面对王权，未来的律师芬奇毫无胜算，尤其是多年来威廉其实早已悄悄占领了凯特的芳心——尽管只是那种年轻人的爱恋。当威廉和凯特开始更大胆地彼此接近时，某种超越了友情的东西变得更加清晰。凯特对芬奇的青春热情渐渐消退，或许早晚都会如此，毕竟，这段形成于大学生涯初期的关系发展得太快，难免如昙花一现。无论凯特和威廉如何坚称他们之间没有发生任何事情，凯特和芬奇的情感却显然无法、也没能挺过他们共处一室的影响。当可敬的《星期日邮报》记者劳拉·科林斯问及他与凯特的关系时，芬奇颇为绅士地做出了正面答复。他明确地告诉她，自己不会谈论与凯特的关系以及该关系结束的背后原因。他说："我永远也不会谈论该事。这件事仅限于凯特和我之间，而且已经过去很久。"

　　只有凯特和威廉知道友情究竟在何时转变为了激情，柏拉图式的伪装结束了，取而代之的是心心相印。

　　凯特和威廉在第二学年开始同居，住在一间普通的学生公寓里。"我自己购物。出门，打包、租碟片、去电影院，基本上就是我想要的。"威廉说。他知道与媒体间的协议仍在发挥效力。有的晚上，他会待在家里做饭。日后谈到自己的厨艺时，他说："在大学时我已经学了一点，要喂饱我的室友可不简单，他们中有一对吃得很多。"

事实是，威廉和凯特的生活如此惬意，必将招致他们的亲密关系已远远超出友谊界线的猜测。一名与他们同龄的学生告诉我："人们对他们同居议论纷纷。不过他们在公开场合很谨慎，你根本猜不出他们是一对。他们自己清楚得很。弗格斯·鲍伊德（他们的室友）肯定知道，但起初他们看上去就像是单纯的室友而已。"

或许实情的确如此，至少在一开始是这样。2003 年 5 月，凯特的父亲义正词严地就凯特是威廉女友的报道进行了温和驳斥。"我几天前刚和凯特谈过，绝对可以确定他们仅仅是朋友而已。住在一起的有两个男孩两个女孩。他们所有时候都待在一起，因为他们是最好的朋友。是的，摄影师或许拍到了他们在一起的照片，不过除此之外再没什么。我们倒很乐意设想和威廉王子结成亲家，但我认为不现实。"尽管她父亲不无讽刺地给予否认，但凯特确实是威廉生活中不可或缺的一部分，这是明白无误的。

凯特是否瞒着她父亲，又或者只不过是另一枚烟幕弹，我们无从知晓。尽管她父亲坚决否认，但媒体确信他们找对了目标。仅仅一个月之后，迈克尔·米德尔顿欣然宣布凯特步入二十一岁，她的父母在自家草坪上为她举行了盛大的聚会，大批中学时代的老友以及从圣安德鲁斯前来的新朋应邀出席。帐篷里设有香槟和正餐，每个人都按照凯特的要求，依照二十世纪二十年代的流行风格着装。此外，还有一人在帐篷中悄悄现身，那就是威廉。他和凯特心照不宣地交换了个眼神。威廉说她惊艳无比，她微笑着承认，尔后分别加入到各自友人的交谈中。正餐之后不久威廉即离去，此时聚会仍在高潮。慎重向来是威廉和凯特间关系的要诀。

不过或许迈克尔·米德尔顿说的是实话，因为 2003 年秋天，威廉表现得不再像个恋爱中的年轻人。回到伦敦后，他开始定期出没于富勒姆足球俱乐部里声色犬马的紫色夜总会。这家俱乐部为富勒姆商人布莱恩梅森所有，深受当地上流社会女性的喜爱。俱乐部现已停业，之前哈里王子也时常光顾。彼时他们风华正茂，威廉被新获得的自由、无拘无束的情绪所鼓舞，正享受着展翅高飞的感觉。

然而，那个夏天，他的勃勃生机给他带来了麻烦，让他重登报刊头版。2003 年 6 月，查尔斯王子被迫为长子的行为向一名贵族道歉，后者谴责威廉在周末离开学校，"开着老爷车像个浪荡小青年"。当时王子在伯爵位于格罗斯特郡的领地的一条小路上超车，七十六岁的巴瑟斯特爵士为追赶王子，在狂飙中受到惊吓。发生于威廉二十一岁生日前一个月的这一幕极富戏剧性，再次显示出他对冒险的渴望。当时威廉刚和父亲在赛伦塞斯特打完马球。威廉无视领地的非官方限速标志，愤怒的巴瑟斯特爵士开着路虎紧追不舍，直到威廉的警方保镖出面干涉。尽管得到了道歉，这名贵族仍猛烈抨击威廉的行为。他说："我不管他是谁，是不是王室成员——我的领地上不许飞车。规定的限速是每小时二十英里。我要是在温莎花园里那样开车，早就被关进伦敦塔了。我还以为他是某个开着老爷车的浪荡小青年呢。"由于不能责骂超速的王子，伯爵把怒火转向了王子的保镖们，他形容他们"看起来像一对浪荡青年"。查尔斯的幕僚将这场遭遇淡化为"一个极小的事件，无人受伤"。然而，此事的确暴露出威廉的鲁莽性格。

在接下来的 8 月，凯特和威廉的浪漫恋情已广为人知。圣诞舞会之后四个月，即 2004 年 4 月，《太阳报》刊登了威廉和凯特在瑞士阿尔卑斯山滑雪场克洛斯特斯度假的照片，引起了克拉伦斯宫方面的一些激烈反应。报纸已经猜出二人关系的实质，报道说，得益于前往巴尔莫勒尔堡的汤姆-纳-盖德小屋——女王送给威廉和哈里的世外桃源——的一系列旅行，二人的关系蓬勃发展。

私下里，威廉，这个即将二十二岁的年轻人，已经在自豪地炫耀凯特，并把这名出众的姑娘介绍给自己的朋友。在 4 月的克洛斯特斯之旅前一周，他和凯特从圣安德鲁斯出发，去北约克郡与一帮朋友参加一次恰巧命名为米德尔顿狩猎的活动。即便在那里，他们也煞费苦心地掩饰对彼此的依恋。一名当时在场的人说："他们没有显出卿卿我我，真的非常小心。活动结束后，当其他人都去吃饭时，他们消失了。"被公开地与威廉联系在一起对凯特而言并非坏事。有她在身边，敏感的王子明显放松得多。

在克洛斯特斯度假期间，凯特与另外六名王室滑雪团成员从希斯罗飞往苏黎世机场。这支队伍里包括哈里·李格-柏克（威廉的非正式保姆泰姬的弟弟）、盖伊·佩利、威廉·梵·卡森——查尔斯的朋友，老诺福克领主休的儿子，以及梵·卡森的女朋友凯蒂·詹姆斯。

凯特已经至少三次做客海格罗府以及女王在诺福克的领地桑德灵厄姆。威廉也已带她去高地行宫柏克霍尔大宅的汤姆-纳-盖德小屋度周末。小屋位于慕克河畔的巴尔莫勒尔堡东部边缘，是女王给他和哈里的礼物，仅修复便耗资十五万英镑。想不引人注目是不可能的，毕竟，凯特是威廉第一个公开承认的正式女友。在克洛斯特斯，她是富有而充满生机的团体中的一员，白天于山坡之上释放体力，夜晚则尽情休息、享受。有一晚，女友相伴，快活的威廉拿着麦克风在歌厅放声大吼。凯特当时和查尔斯以及他的老友查理、帕蒂·帕默-汤姆金森同桌，她嘲笑着威廉的举动，在这些高层人士中显得轻松自如，不啻为一道靓丽的风景。

照片在《太阳报》刊登之后，威廉没有试图否认与凯特的关系。眼下，令包括我在内的王室观察员们意见不一的问题是：凯特究竟有多重要？

第六章

年少不言婚

Too Young to Wed

看在上帝的份上，我才二十二岁。我这个年纪就结婚，太年轻了。二十八岁或者三十岁之前我不想结婚。

——威廉王子答记者

这是卡萨安蒂卡的漫长一夜。这家夜总会位于瑞士阿尔卑斯山区，是来克洛斯特斯滑雪场的游客的热门之选，也是威廉王子最中意的聚会场所之一。因此，2005年3月30日，事发当晚，在烟雾与嘈杂的音乐中发现他也就不足为奇。他当时正在俱乐部深处灯光昏暗的隔间里。

坐在醉醺醺满面通红的哈里王子旁边，威廉王子做出了完全不符合自己性格的事情。他注意到一名与伦敦警察厅保镖攀谈的小报记者，主动邀请他做即兴访谈。比王子们大不了几岁的唐肯·拉坎布新近才作为王室新闻记者受雇于《太阳报》，他预感到王子和他们的朋友们会出现在夜总会，刚过午夜便守候在那里。他在采访哈里及其当时的女友雀希·戴维的非洲之旅时结识了部分王室保镖，于是明智地向他们知会了自己的存在，并保证如果自己的在场令他们不快，就会自觉离开。

　　碰巧就在那时，威廉的朋友盖伊·佩利——此人生性古怪，喜欢闹腾，是个被很多人视为宫廷小丑般角色的家伙——从旁边一间屋子里冲出来，只穿了一条褐色的丝绸平角短裤。他莫名其妙地坐在记者的腿上，或许他把这个记者当成了某个新来的王室保卫官（尽管这样也难以解释他的行为），开始聊起来。当一名官员介绍说他正坐在《太阳报》的新任王室问题记者腿上时，佩利立刻逃得无影无踪，这一幕让威廉乐不可支。

　　或许是担心次日的报纸上会出现什么令人尴尬的标题，威廉向保镖们宣布他要和这名记者谈谈。他喝了些酒给自己打气，然后决定接受采访。王子似乎没有说过他的讲话内容不得公开。但次日早晨，查尔斯王子的新闻顾问，此次滑雪之旅中负责王子们的公关事务的帕迪·哈韦森坚称，这是一场私人交谈，其内容不应予以发表。于是，正在伦敦东区沃平的报社总部阅读该报道的《太阳报》编辑丽贝卡·韦德适时出面。

　　他们讨论了王子和凯特在山坡上拍摄的最新照片。上一年，《太阳报》因刊登此类小道照片而被查禁。但现在，尽管威廉不理解为何人们对自己的兴趣如此浓厚，对待照片的态度却放松了很多。当事记者猜测说，这样的转变或许是因为威廉和凯特的关系有了实质性发展，多半会订婚。随着信心的增长，这名记者在交谈中开玩笑般地提起了婚姻话题，他并没有真正指望威廉会回应，但无论如何值得一试。王子爽快的答复给了他极好的素材："看在上帝的份上，我才二十二岁。我这个年纪就结婚，太年轻了。二十八岁或者三十岁之前我不想结婚。"

　　就是这么寥寥数语，威廉令《太阳报》获得了重大独家消息。次日早晨，这家报纸花了五页多版面以全球独家报道的方式详尽披露了年轻的王子对他们的记者"敞开心扉"的非常时刻。

　　威廉和记者聊天时，凯特·米德尔顿也在场，不过威廉自始至终没有想到要做介绍。如果当时凯特对自己和威廉的关系看得很认真并且抱有希望的话，那么如此明显的忽视或许会令她不快。毕竟，当威廉吐露那些出人意料的真言时，她就站在他身边。

　　然而，威廉的直率根本没有挫伤凯特的劲头。她没有丝毫闷闷不乐的样子，而是开怀融入这个醉醺醺、不拘小节的夜晚。接着大家玩起了无伤大雅的恶作剧。哈里王子手上那条女友赠送的珠饰手链散了架，他在地上爬来爬去，试图找回珠子，而他的哥哥、凯特和朋友们则叫嚷着猛地扑向醉醺醺的王子，威胁着要脱掉他的长裤和内裤。迷失在笑声、喧闹和燥热中，伴随着夜晚的荒诞不经，你很难将眼前的凯特与刚刚的那个女孩联系在一起。刚刚，她目睹了自己所爱的男人用某种浪漫的表述方式向一个陌生人袒露：他仍在等待。

　　威廉知道怎么对付媒体。他的朋友圈里有很多人怀疑，这篇所谓的独家报道、这番拒绝认真考虑婚姻问题的言论，看似脱口而出，实则是威廉精心设计的烟幕弹，以冷却媒体对女友的狂热。

　　尽管谈话造成了轰动效应，这番声明却并未令王室新闻机构感到意外。威廉只是在尽力两面兼顾。他见过在父母身上发生的事。三十年前，他父亲犯下一个灾难性的错误，让他所爱的女人卡米拉从指间溜走，并为此痛苦多年。另一方面，他母亲则过早步入婚姻。他不想犯相同的错误。

　　王子赞同其父的观点，时常和朋友开玩笑说新闻界"从不让真相以好故事的形式表现出来"。但威廉和他的智囊们很清楚，最近几年，王室作家——我也在此之列——也就是教人爱恨交加的"王室鼠帮"对真相的揣度能力已经远远超出了王室的意愿。英国的新闻记者们，比如詹姆斯·怀铁克和理查·德凯伊，多年来研究王室套路，可以毫不留情地精准解析故事背后的真相。这绝非易事。要知道，他们的提问经常遇到一系列谎言和半真半假的消息，以及王室幕僚，甚至是王室成员们自己的否认。威廉虽然相对年轻，却像他已故的母亲戴安娜王妃一样，知道该如何与媒体周旋。如果他出于迷惑媒体，以便给自己和凯特的关系多一些时间的目的，借着在瑞士阿尔卑斯山区夜总会开怀的机会漫不经心地谈论婚姻，难道真的会令人如此吃惊吗？

一同前往雪场度假的一名资深官员的一番话让我对王子及其女友的未来确信无疑。他透露："王子非常清楚自己在做什么，无论喝了多少酒，他绝不会不假思索地对自己不熟悉的记者敞开心扉。这是演给别人看的，这是一种平息对他和凯特的猜测的方法，一种保护她免受新闻界干扰的策略。"

凯特配合男友对此表现出的漠然恰恰说明了两人间的关系已经多么紧密。就像其他真正了解威廉的人一样，凯特知道无论他说什么，都是为了她的利益着想，而非如第二天的报纸头条所认为的那样。面对新闻界，威廉对所有的朋友都有一种保护的本能。他继承了父亲稳重的王室风范。基于他的地位和经历，这一点是不难理解的。慈母的亡故给他带来了恐惧，和戴安娜的哥哥斯宾塞伯爵一样，他仍然相信是狗仔队的穷追不舍导致了她的死亡。

从那一夜起，帕迪·哈韦森挑起了在克洛斯特斯度假期间作为威廉的发言人的重任，主动扮演起威廉的保护人的角色。在王子们对夜总会的频频造访中，他总是被夹在小伙子和大姑娘之间，显得异常尴尬，然而结果却是，晕头转向的博士往往亡了羊才去补牢。

哈韦森不知道，秘密记者们已经在此超过一周，观察年轻的王室成员们毫不掩饰的滑稽醉态，包括哈里反守为攻，大笑着叫嚷着追赶记者、抢相机、抢照片的场面。王室成员与新闻界——尤其是小报记者——的关系始终像没完没了的猫鼠大战。此外，这个被称为"雄鹿"的特别王室之旅也将是查尔斯与卡米拉在 2005 年 4 月完婚之前最后一次与儿子们共度假期。

几天后，我从一条可靠渠道——或许在该事件上比王子本人更可靠——获知了一个迥然不同的故事版本。一名资深王室大臣在谈话中无意走漏了风声，说威廉和凯特的关系相当认真且迅速发展。尽管言之尚早，在我听来却是有板有眼。

　　"关系正稳步向前。他们选择保守秘密、小心谨慎，这并不代表两人的关系不好。事实正相反。"一名资深线人告诉我。

　　鉴于这名消息人士的资历，我毫不犹豫地将此故事付梓。第二天早晨，《旗帜晚报》头版头条打出这样的标题"动真格的爱"，标题之下写道："来自王室的消息，威尔士和凯特的浪漫故事蓬勃发展。"一幅威廉微笑着含情脉脉地望着女友的眼睛的照片配合着报道。在我看来，无论他口中怎么说，沉浸在爱情中的模样却清楚地出卖了痴情王子的真实情感。

第七章

王室婚姻这本经

Royal Marriage Business

嫁给威廉王子？我太乐意了。谁不想成为王妃？

——布兰妮·斯皮尔斯

2006 年夏天，威廉和凯特的关系进入第四个年头，报纸杂志上刊登的任何有关凯特的照片都会被冠以"未来的王妃"字样。在媒体眼里，凯特·米德尔顿成为威廉的新娘只是个时间问题。

2006 年 3 月，我当时作为王室新闻记者所供职的《旗帜晚报》刊登了一幅凯特在切尔腾纳姆赛跑会上戴着毛皮帽子的照片，晚报指出她的时尚品位反映了王室对备受争议的裘皮用品的喜好。不过，敏锐的王室问题观察员们感兴趣的不是她对帽子的选择，而是这张照片的拍摄地点位于查尔斯王子和他的新婚夫人卡米拉——现在的康沃尔公爵夫人——的专属看台内。威廉并不在场，彼时他还在桑赫斯特军官学校继续接受严格训练。但凯特依旧出现在王室成员和随行人员中，尽情欢笑，显得无拘无束，眼下，她的地位只有用"稳固"这个词来形容才合适。此后，当一名来自《旗帜晚报》的记者请克拉伦斯宫官员评价凯特的毛皮饰品时，得到的答复意味深长。这名官员解释说，他们不能就此问题做出评价，因为凯特是个独立的个体，"还不是"王室家庭成员之一。

如果没有那个诱人的"还"，这本是个意料之中的回复。不过现在，它暗示着威廉此段情缘的必然结局。官员们总有一天会评论她作为正式王妃和王室家庭一员的行为，一切只是时间问题而已。

媒体对王位继承人的婚姻及其伴侣的公众魅力感兴趣，这不是什么新鲜事。或许变化了的只是表达方式。如今，人们可以通过媒体表达各自的观点，将大众感受的不同侧面和程度细致地展现出来。当亨利八世抛弃他的首任妻子西班牙人凯瑟琳·阿拉贡，迎娶注定带来不幸的第二任妻子安妮·博林，即伊丽莎白一世的母亲时，民众尚缺乏有效的表达方式，只能聚集在伦敦臭气熏天的街道上，一边见证发生在 1533 年 5 月 29 日的奢侈庆典，同时宣泄对亨利离婚和新一任新娘人选的不满。

亨利八世可以按照自己的意愿结婚、离婚甚至处决妻子（事实上，的确有两人被处决，即安妮·博林和她的表妹凯瑟琳·霍华德），作为一名绝对意义上的最高统治者，他并不会认真考虑公众反应。如今，年轻王子的问题被置于人们不甘沉默、有时甚至是咄咄逼人的目光之下，媒体和公众变得更激烈、更急切。于是，也就难怪现代王室成员们没有完全抛弃他们冷酷祖先的处理方式。比方说，查尔斯王子迎娶卡米拉的当天，由于担心已故王妃戴安娜的热心支持者会举行声势浩大的抗议，慈善机构的工作人员以及新人支持者们得凭票才能获准在温莎宫墙内的栏杆后聚集。相机的机位设置有严格规定，以确保流传于世的照片表现的都是典礼上王子夫妇的正面形象。城堡外，身穿制服的警察和秘密警官守卫着道路，唯一一名手持反对卡米拉的海报的人也被客气地要求收起海报。

对于一名 21 世纪的王子而言，根本不可能找到公众角色与私人生活之间的平衡点。无论先前发生过什么，大众仍然希望他们的王子为爱情而结婚。这就意味着王室成员的个人选择要承受公众的判断与考量。然而，爱情可以愚弄我们所有人。威廉意识到了这一点。与错误的女人结婚，给普通男人带来的是痛心和破财，对未来的国王及其家庭而言则有可能是他们所承袭的传统的重创。选择新娘是本难念的经，不容小觑。

王位继承人可以将大量金钱用于救助贫困，就自己所关心的事业唤起大众关注，正如查尔斯王子所做的那样。他可以通过各种计划在某种程度上推进社会变革。他可以代表王室、国家出访各地，可以与人们握手、交流，发表感人的、发人深省的演讲，摆出优雅的姿势与平民、总统、政客合影。他也可以依照自己的观点质疑国会，在例如有机农业、辅助医疗、转基因作物和现代建筑等话题上施加自己的影响——查尔斯王子在这些方面做了大量工作。但无论他能激发出多少热情和反响，一个简单的事实是：王位继承人必须找到一位合适的伴侣传宗接代，虽说这听上去很没品位。在这一点上，尽管他拥有最高贵的血统，穿着做工考究的萨维街西服，却和农场的种马无异。

如果说有谁知道王位继承人对新娘的选择无论就体制层面还是个人层面而言有多么重要的话，那么这个人就是威廉的祖母伊丽莎白二世女王。她只要看看上一代和下一代，就能在自己的统治时期内找到证明：近代历史上某些将王室家庭推向毁灭边缘的时刻，正是由对新娘的错误选择造成的。错误的选择令君主制度蒙羞，成为大众的笑柄，而大众的支持恰恰是这个不经选举、不论民主的机构得以生存的必要条件。

选择合适的新娘成为王妃以及未来的王后并非易事。21 世纪的王妃与过往的王妃不同。以前，这一体制经历了反复试练。王子的婚姻非为爱情，而是出于政治和王朝的考量。他会为了两国联盟而与他国国王的女儿成婚，或者从一大批亲缘关系适宜的表妹中做出选择。意识到各自的职责，婚姻双方或许会逐渐培养彼此的感情，但王子们更有可能在情妇们，通常是那些已嫁做他人妻的矜持的贵夫人的怀抱中找到激情。过去的报业老板——他们本人通常是男爵或伯爵——会指示编辑和记者对王室的婚外恋情避而不提。

　　到如今，金钱决定一切，性丑闻则可以让报纸热销。先前那种慎重的行事作风早已不复存在，只要被小报盯上，王室及其相关事务照样可以拿来消遣。祖先们的失败在威廉这位现代王子的脑海中留下了深刻教训。毕竟，那些事情产生的后果对他有朝一日将要领导的这个机构已经造成了几乎致命的伤害。1936年，伴随着爱德华八世退位、威廉的曾祖父乔治六世被推上宝座而来的危机从根本上动摇了君主制。

　　出于很好的理由，英国王室家族没有退位的传统。在某些欧洲国家，比如荷兰，正如我们最近所见，年迈的君主可以退休。但威廉自幼便被灌输这样一个理念：在英国，只有死亡才能将君主与王位分离。幼年时代的威廉或许与自己的天生的权力斗争过，甚至畏惧过，但他的职责已被清晰地定义，他的命运蓝图已经展开。爱德华八世继承王位不到一年即退位，这在英国王室历史上绝无仅有，这一巨大事件曾经令人感到不可思议，如今依旧难以释怀。那些仅仅经历了其侄女伊丽莎白二世的统治的几代人几乎无法想象爱德华的离开造成了怎样的灾难性后果。

　　如今，温莎公爵——爱德华退位后的头衔——被某些人赞颂成爱美人不爱江山的浪漫主义者。电影、电视剧和纪录片在描绘他和沃利斯·辛普森动人的爱情故事时，似乎全都在不经意间忽略了她日后为了更年轻、更性感的异国男子所做的背叛，或许是因为这不符合我们所有人心中对爱情故事的期待。然而我们可以确信的是，爱德华对美籍离婚人士沃利斯·辛普森的爱超出常理，并为了这份情感放弃了他天生的权力和与之相伴的责任重担。在他的精彩传记《国王的故事》里——这是迄今为止，很可能也是从今往后唯一一本由国王亲自撰写的书——爱德华认为，无论一个人处境如何，爱情总能战胜一切。

　　然而，1936年他对全国发表的灰暗的退位演说中却难觅浪漫的踪迹，这或许是因为首相斯坦利·鲍德温坚持自己对措辞使用的决定权。爱德华与鲍德温的会谈也毫无浪漫可言，后者打消了他让辛普森成为王后的一切希望。他告诉国王："英国民众不会接受她。"同样难言浪漫的是将王位重担移交给他略显稚嫩的弟弟伯蒂，彼时的约克公爵，不久之后的乔治六世国王。

此举撕扯着整个帝国，给王室核心家庭造成了巨大伤痛，就连备受指责的沃利斯本人也反对，提出要离开英国。好在王室并没有因动摇而一蹶不振。带领这个小家庭走出风暴的责任落在了现任女王的父亲约克公爵肩上。依旧沉浸于父亲过世的悲痛之中的伯蒂带领着妻子——坚韧的伊丽莎白·鲍斯-莱昂，后来的伊丽莎白王后，女王的母亲——以及伊丽莎白和玛格丽特公主，毫无准备地暴露在公众生活和事务的聚光灯下。作为乔治六世国王，他突然间成了危机中的君主制的守卫者，一个真正处于风口浪尖上的君王。事后看来，我们不免惊讶当初为何会弄得这么一团糟。而对于王室家庭，对于坚韧的新王后和她的女儿们，答案始终非常明确：一团糟的原因完全在于选择新娘的错误。

1996 年，伊丽莎白的小儿子爱德华王子制作了一档关于温莎公爵的电视纪录片，名为"爱德华对话爱德华"。该片讲述了他伯祖父与沃利斯·辛普森的爱情故事以及在法国的流亡生活。这部经由爱德华详尽调查、精心组织的纪录片是他的搭档阿登特制作的最好的作品之一。但无论爱德华王子表达了怎样的个人同情，片中却没有暗示温莎公爵的行为得到了任何王室成员的谅解。1972 年 5 月，温莎公爵去世前，女王的确在正式访问法国的途中前往看望，他的遗体送回弗罗格莫尔安葬时，人们也捕捉到了其妻在白金汉宫花园散步的镜头。但这些只是他的侄女，现任君主，遵循常规基督教习俗所做出的举动，并不代表他的所作所为已获得原谅。

至少对于女王而言，时间没有治愈伤痛。爱德华八世做出了一个糟糕的选择，女王和她的孩子们的生活因此而被改变。在女王这样一名被灌输了责任感的女性眼里，基于事实与信仰，所得出的结论便是爱德华八世真正的罪过在于逃避职责。他没有履行威尔士王子应尽的义务：选择正确的女性做新娘。如果同样的失败在他的侄孙，威廉的父亲，查尔斯王子身上重演，将会给王位第二顺位继承人威廉压上历史的千钧重担。

沃利斯·辛普森的魅影加之全帝国的坚决反对，在无形中放大了爱德华国王的错误。戴安娜的炫目光环加之全世界对她的认可，也令查尔斯王子的婚姻愈显荒唐。危险并不在于他会放弃王位和他的人民，而在于人们会放弃他。正是这样一种担忧使得查尔斯时常表现得暴躁和冲动。查尔斯为重获民众喜爱而做的极力尝试——或者毋宁说是那些代表他的人所做的尝试——反倒将他和他的幕僚引入了祸福难料的旋涡，时常令其母亲以及君主政体本身面临危险。

实用主义者或许会争辩说，查尔斯和卡米拉于 2006 年 4 月 9 日——我在《旗帜晚报》完整刊登他们的订婚故事之后一个月——举行的婚礼是一个完美的折中。不像他的伯祖父，查尔斯的决策是冷静的。他可以得到双赢的结果，既得到生命中的真爱，又不失统治的机会。卡米拉，这名经过重新定位、包装、宣传的康沃尔公爵夫人就是个成功的典型。王位继承人曾经总是以中年怪人的形象出现，如今有个不仅爱他而且信任他和他的事业的女人陪伴，倒似乎变得完整了。查尔斯的获胜是继他与戴安娜因婚外情被曝光而离婚之后的又一大热议焦点。相关的争论也出现在 1997 年戴安娜去世之时。

这样的结果或许并不能令全球欣然接受，但很少有人真正认为查尔斯的王冠应该直接传给威廉。毕竟，如果查尔斯动真格，他完全可以要求在联合王国全境内通过议会法案。当然，也需要得到女王的同意。但那样做就能化解危机吗？不能。查尔斯或许觉得自己有权得到幸福（在女王的所有后代中，最同情伯祖父处境的一定是他）；作为母亲，女王也希望自己的孩子有美满的私人生活。与伯祖父不同，查尔斯获准和离过婚的女友结合并保有自己的位子。然而问题是：代价如何？

王室家庭，尤其是威尔士亲王一家，已经被剥得赤裸裸面对公众的嘲笑、检视和非难。双方的摩擦笃深。王室开销遭到审查，税收优惠遭到批评，国内不时出现倾向于共和制的危险情绪。此前拥有威尔士亲王头衔的两个人在选择新娘的问题上彻底失败，这个家庭能够承受得起第三代犯下相同的错误吗？他们不愿承受，事实上似乎也不必承受。

早在威廉与凯特·米德尔顿结婚前很久，伊丽莎白女王便已对他们的恋情表现出了相当关注。君王不会不注意到威廉与凯特之间与他们上一代人的相似之处。他们的恋情明朗之时，威廉二十三岁，凯特二十四岁，这恰好与查尔斯和卡米拉初次相爱的年纪相同。女王或许不会有某种怪念头，但一定难免不去设想：万一……万一当初查尔斯是对的？又或者，万一威廉错了？

查尔斯王子的决心不难理解，他要保护长子免受此类想法的压力，帮他挡开新闻界的喧嚣和来得太快的王室责任。说来或许有些不公平，但威廉已被吹捧为比其父更有魅力的未来君主。此外，尽管威廉与其曾伯祖父爱德华八世之间相差八十八年零二天，他那大名鼎鼎的曾祖辈年轻时得到的所有评价却有可能同样落在他的头上。

宫墙之外，威廉身处的世界日新月异。然而，围绕着爱德华八世之妻和查尔斯之妻问题的危机却提醒着威廉自身的庄严责任。如果他想避免发生在前任威尔士亲王们身上的丑闻，就必须找一个他爱的女孩，并确保她没有婚史、高尚体面、适合成为公众角色，并且能够生下继承人——值得注意的是，有史以来第一次，对继承人的性别并无要求。如果说他的前任们的失败是道路上的必经考验的话，那么这条职业之路远远不像听上去那么简单。不过，威廉似乎已经出色地通过了考验。

作为王位继承人的威廉自然是这个国家最炙手可热的单身汉，然而这个事实并没有让他的选择变得简单。炙手可热的单身汉对大批完全不合格的女性同样是一种诱惑。在这个手机可以拍照、泄密和背叛的年代，犯错容易，被抓住也不难。然而，尽管他们相对年轻，偶尔也有尝试性分手的消息传出，威廉和凯特的关系确实经受住了从校园生活到现实世界，直至如今结婚生子的一系列转变的试练。在此过程中，"可爱的"凯特在威廉生活中所扮演的角色最初单纯且带着一丝学生气，如今则被融入了重要得多的成分——王妃，我们未来的王后。

第八章

步入现实世界

Into the Real World

当时，我想的就是在合适的地方找乐子，尽我所能好好享受。

——威廉王子完成最后一次大学考试之后

2005年5月，最后一次严格的地理考试结束，威廉放下了笔。凯特也完成了自己的测试，其中包括一篇深受好评的题为"来自天堂的使者：刘易斯·卡罗尔儿童摄影解析"的论文（凯特后来同意将此文章放在学校网站上供今后的学生借鉴）。不像威廉的同学们——或许凯特也在其列——要拼命获得好成绩以便在职业选择中获得筹码，考试对于王子只是关乎个人荣誉的小游戏而已。就其作为国王的职业生涯而言，无论是获得一等学位、二等甲级学位，还是以三等成绩勉强通过都无关紧要。无论他在圣安德鲁斯大学的考试榜上最终表现如何，都会首先以士官的身份进入桑赫斯特，并于毕业后立刻开始履行王室职责。但威廉这个骄傲而聪慧的年轻人也渴望着学术上的成功。他不满足于勉强通过，因为那将有可能招致某些媒体和大众的嘲笑。威廉，这名或许是近代王室中最具学术天赋的成员（有些人可能会觉得这一评价是对他的贬损），不打算让任何人失望，至少不让自己失望。

通过了精心准备的考试，威廉长长舒了口气。接下来是为期三周的庆祝和放松，6月24日的盛大毕业舞会则将是一系列活动的高潮，届时会有古典音乐团、流行乐队和迪斯科登场，而他的美丽女友凯特也将投入他的怀抱。

是夜，学生们盛装出席，之后穿过垃圾遍地的院子，跟跟跄跄走进晨曦之中。他们挽着手，走向被称为城堡沙滩的绵长海岸。几个较为鲁莽的学生猛冲向前，一头扎进黎明时分闪着波光的冰冷海水。凯特、威廉和他们的室友兼知己弗格斯·鲍伊德留在岸上，沿着沙滩散步，不愿理会天已破晓的事实。随着新一天的到来，他们生命中的一个新阶段也正在开启。就很多方面而言，凯特和威廉与任何年轻恋人无异，他们校园时代的爱情将面对外面世界的考验。没有人知道等待着他们的是什么，只能做好一往无前的准备。一旦课堂讲义和学生宿舍变成了工作生活，很多校园爱情便得苦苦挣扎。双方都意识到他们的亲密感会减退，日常生活再也不会像大学时代那样协调。但他们约定，无论发生什么，彼此都将永远是最亲密的朋友，永不后悔。

威廉知道自己的轻松之旅到了尽头，他已经品尝了全日制教育提供给他的相对隐匿的生活。毕业对他的震动比他的同学们更为剧烈。现在无论他做什么，都无法再忽视即将到来的王室职责的现实与期待。至少，他得面对家族压力，承担起自己的职责。

几周之前，他便意识到这一点并表达了自己的焦虑，他坦承自己不喜欢承担公众职责，"因为我不想过早开始，然后把余生都搭进去"。他的大学同学们或许嫉妒威廉衣食无忧，不必像他们奋斗着找工作、还贷款、再陷入更多的债务，但他们至少可以自由地尝试各种不同职业或生活方式。威廉不行。一旦他走上公众人物的生活道路，就要从学徒开始，在王权之路上一直走下去。虽然随着年龄与阅历的增长，王子已经学会了控制自我意识，但眼见父亲为将学徒转变为具有自身意义的角色所做的种种尝试，他仍然感到气馁。正如他的一名助理当时告诉我的，威廉因见到父亲的努力遭到轻视而畏缩不决。那也会成为他自己的命运吗？如果他成为威尔士亲王之后试着采取父亲当初的强硬立场，试着说些什么、做些什么，也会受到同样的负面对待吗？

随着大学生涯的结束，威廉对担当起王室家庭核心成员角色之事表现得更为消沉。威廉设法挨到了学校生涯的最后一天，他已年满二十三周岁，尚未为家庭分担任何实质性的公众责任。与此相对照，他的父亲虽不是天生做学问的料，在他这个年纪时却早已成为王室圈中的老手。查尔斯十九岁就首次出访澳大利亚，并于两年后，即1969年在卡纳芬城堡被授予威尔士亲王头衔。

一名王室幕僚当时解释说："威廉王子的难处在于他真的被撕裂了，一心只想保持低调。他强烈地感觉受够了眼前的成年生活，受够了为他规划好的角色。如果他没有过早对自己提出期望，或许本可以正常地达到那一高度。"

查尔斯王子和他的助手们始终在为威廉的态度辩护。他们说，他的处境与其父有很大差异，后者在十几岁就成为王位继承人。这句话在我看来别有深意。威廉的继承位置无论是现在抑或将来都无可动摇。在他毕业当晚，民意调查继续释放出令年轻王子感到绝望的消息。民调结果一次又一次显示，几乎半数人宁愿威廉继承王位，而不愿选择查尔斯，这也呼吁着这个"柔弱"的小王子彻底走出阴影。当时，就连哈里出现在镜头前或接受采访的次数都已超过威廉。因此很自然，他尚未拿到学位之前评论员们就开始问："威廉要向何处去？"

2005年6月23日，威廉在父亲、继母和祖父母，以及数百名同样自豪的家长们的注视下毕业了。他打着白领结，身穿樱桃红色衬里的黑色丝绸学位袍，和三十名地理专业的学生一起在扬格大厅讲台的一侧等待着。威廉看上去有点紧张，不时咬着下唇。艺术学院院长克里斯多芬·史密斯教授在讲台上报出"威廉·威尔士"的名字，王子走向闪光灯和观众们经久不息的掌声中。在台下前排就座的查尔斯和卡米拉停止了说笑。坐在他们旁边的爱丁堡公爵正专心致志地研究自己的计划。刚刚从一场感冒中痊愈的女王穿着亮柠檬黄色的外套，一如往常神情严肃。

威廉走到讲台中央，抓住装饰着校徽的黄铜扶手，在圣安德鲁斯名誉校长肯尼思·多佛爵士的面前跪下。仪式很简洁。肯尼思爵士用仪式帽——一顶17世纪的据说缝进了伟大的长老会改革者约翰·诺克斯的裤子碎片的猩红色帽子——在威廉和其他所有毕业生的头上轻轻敲击。"Et super te"（意为"在你们身上"），当帽子触及威廉的脑袋时多佛吟诵道。接着，校监——荣誉首席管事——詹姆斯·道哥拉斯将王子的红黑兜帽钩过他的肩头，这个动作象征经过四年的学习，威廉如今已成为艺术学硕士。片刻之后，这名硕士下了台，接过自己的学位证书卷轴。四年学习的高潮就这么结束了。威廉挟裹在毕业生中走进小城主街道雾蒙蒙的阳光里。他们钟爱的大学生涯就此终结。

威廉受到了街道两侧数百名群众的欢呼，这令他回忆起刚到圣安德鲁斯时的情景。他友好地冲人群打招呼，然后前往市镇警察局感谢他们对自己的照顾。虽然开局坎坷，但他不仅成功完成了学业，还以二等甲级的成绩超过了其父在剑桥取得的二等乙级的成绩。女王看着眼前的这一幕，尽管她本可以指出，在领导国家的问题上没有学术课程可学。

典礼之后，克拉伦斯宫以威廉的名义发布了一篇官方答谢文。文中说："我非常享受在圣安德鲁斯的时光，离别之际未免伤感。我想对所有令我得以在此感受到快乐的人致以衷心的感谢。"文章接着说："我能够按照自己所希望的方式度过普通的学生生涯，我很感激每个人，尤其是当地居民，他们的支持使得这一切成真。"在典礼之后与一名客人的交谈中，他提到了更多。当时，他正和毕业生们一起与骄傲的亲友团在圣萨尔瓦多的草坪上聚会，阳光中他眨着眼睛，有些不安地告诉一名来宾自己该"进入广阔的大世界"了。他不会单枪匹马。

坐在王子前方五排、比他早八十人次毕业的是那名对威廉大学生活影响最深刻的年轻女士。她穿着高跟鞋和性感的深色短裙，外罩学位袍，在念到"凯瑟琳·米德尔顿"的名字时登上讲台。她凝望着威廉的眼睛，开心地微笑着回到座位，他则骄傲地冲她眨眨眼。

"今天是个非常特别的日子，"威廉说，"我很高兴能与家人分享，尤其是我的祖母，她抱病前来。"这句总结毫无新意。相比之下，倒是他在女王离开前吻她的面颊、女王拍着孙子的肩膀的场景显得自然些。不过，更自然的一幕则是凯特在威廉的鼓励下微笑着将自己的父母介绍给君主。这看似平淡无奇的事标志着凯特的新起点。那一天，她和威廉一起向着成年迈出了重大一步，她真正步入正轨了。

"你们会成为一生的朋友。"圣安德鲁斯大学副校长布莱恩·朗博士当天在毕业生们离开扬格大厅前告诉他们，"我每年都对毕业生这么说，你们或许会从中找到自己的丈夫或妻子。我们号称'全英最登对大学'，圣安德鲁斯的好传统靠你们发扬光大。"

他的话引来一阵笑声。但那天礼堂里一定有几对被他的话微微刺痛，猜测着他是否在影射自己。这其中包括威廉和凯特吗？

离开圣安德鲁斯的保护对他们俩都将是一个挑战。他们的关系已经经历了一段艰难的历程，但前方还有更长的路要走。威廉不能永远推托责任和决定。凯特是个开朗、坚毅的年轻女子，她已经在威廉身上付出了很多，但她的朋友们明白，如果他认为她会在没有承诺的情况下无限期等待，那么他就错了。至于威廉，他是个仍在为自己的角色挣扎的年轻人，他不无恐惧地意识到时钟在嘀嗒作响。"我有那么多事要做，"他说，"我害怕，真的害怕我没有时间。"

2005 年夏去秋来，凯特要开始尝试融合真实生活和王室生活的艰难过程了。她和威廉在美丽的国度肯尼亚度假时并没有忽视这一点，但回到家乡仅仅几周，问题就出现了。凯特的"双重"生活给她带来了压力，引发了王宫和新闻界的紧张对峙，并给她和威廉的关系造成了影响。有什么好奇怪的呢？毕竟，凯特头一天要和女王在温莎堡用茶，第二天又要赶公交车，坐在一个完全不认识的人旁边，而这个陌生人或许对她正渐渐习惯与之相伴的可敬家庭毫不关心。当她和威廉在一起时，会得到相应的礼遇，甚至还享受通常为王室成员提供的安保服务。她被带去最高雅的餐厅、最时尚的俱乐部，全程受到伦敦警方保护。这样的特权和派头足以让年轻女子动心。但凯特没有。她从小受到明智的教育，被教导要脚踏实地。虽说明智的本性可以令她更沉着，但这种奇怪的矛盾生活所带来的不稳定仍然让她难以应对，尤其是外界认为她和威廉的关系已步入新阶段之后。

2005年9月，我接到来自白金汉宫一名内部资深人士的电话。该人士似乎非常乐观，称谈到凯特的情况，我该"随时做好准备"了。"关系已经达到新的层次。"他说。我继续追问，接下来的故事令我开始意识到凯特有多么重要，并由此推测出未来她将有多么重要。我被告知凯特已经"和女王有了一系列私人接触"。最近几个月，她们二人已经至少两次共进晚餐，当然，威廉也在场。女王与孙子的女友之间建立起了"温馨而轻松的关系"。据说其中一次晚餐设在温莎宫，这是女王最喜欢的居所，是她真正视为家的地方，此举意味深长。

"睁大眼睛瞧着吧，"我被告知，"凯特多次与陛下见面、共进晚餐的事实不可小觑。陛下对她的孙子兼继承人关爱备至，她高兴地发现他与凯特在一起感到幸福。凯特有一种美妙的轻松态度，和女王在一起能够如此放松是件好事，正说明了女王对她的感受。"

这是一条非常重要的线索和证据——倘若需要证据的话——说明这个爱情故事不会长期停滞不前。宫墙之外，凯特继续扮演着普通女孩的角色：独立、聪慧，拥有一定学位，和大多数聪明的年轻女性没有多大差别。返回住处切尔西公寓之前，她经常会去时尚品牌汇聚的国王大道逛商店，有时一个人，有时和母亲或朋友们一起。她身边没有保镖，只有日渐增长的风趣与才智。这就是 2005 年秋天凯特·米德尔顿的新二元生活。徘徊在王室家庭的边缘，一只脚进，一只脚出，再没有比这更脆弱、更矛盾的处境了。但大部分时候，凯特处理得很好，总能转换自如。

　　凯特和威廉试着培养他们自己的生活模式。无论威廉的状态如何，他们正试图体会在校门外的现实世界里彼此间的关系意味着什么。问题的核心在于对私密的需求和与狗仔队间没完没了的猫鼠游戏。威廉开始在凯特位于切尔西车站对面的白色公寓里过夜。他们的生活与所有年轻情侣并无二致。有时他们会去附近的俱乐部，比方说布吉斯或紫色，喝伏特加、蔓越莓汁，和朋友们一起享受欢腾的舞池带来的释放与入夜后无意识的快感。另一些时候，他们则在附近的餐厅消遣。猪耳朵是凯特和威廉的最爱，这是一家以美食和切尔西－波西米亚顾客闻名的优雅的美食酒吧，人们经常看见威廉在那里品尝布赖顿苹果酒。偶尔，他们会待在家里，就像在圣安德鲁斯时那样由威廉负责做饭，或者点份比萨，看电影，试着重现他们大学"婚姻"的简单生活。

　　这与王子和父亲、祖母在家时得到的特权与关注有着天壤之别，但体验了四年的自由之后，这正是他想要的。他的"双重生活"是一种选择，而凯特的则是被迫。现在的生活与他们无忧无虑的大学时代有一个重大差异：新闻界，或者说新闻界对这对情侣的态度。一旦被自由摄影师盯上，就没什么规则可言。威廉——也涉及凯特——不再受到大臣们先前设置的协议的保护。编辑们摩拳擦掌，想要试试水有多深，看看自己能走多远，能从中赚到多少钱。

　　在大学，新闻界得遵守他们的君子协定，与威廉保持距离。他们允许威廉自由地从事每日事务，不必担忧自己和同伴们会被跟踪。现在狗仔队出动了，凯特头一次明白作为未来国王的漂亮女友意味着什么。她的切尔西公寓及周边地区或许已经过威廉的伦敦警方安保官员仔细检查，但没什么可以阻断狗仔队对猎物和报酬的嗅觉。关于这一点，凯特婚后很快便会发现。

有五名精明的摄影师锲而不舍地跟踪她穿过市区尾随到家。有时他们会合作，以降低漏拍照片的概率——当然，这也意味着一旦成功得分享战利品。他们大清早就在楼外仰望，静静地坐在车里，甚至关上窗，熄灭引擎，耐心地等待、观察，一旦凯特和威廉出现，立即行动，从远处拍下几张照片。如果恰好凯特孤身一人，他们会一直跟踪。她的照片已经颇值些银两，虽不如王室家庭和他们的顾问们估计的那么多，但也铁定能以不菲的价格出手。时尚杂志和报刊已经意识到凯特如今的新闻价值。他们的读者想了解更多：她穿什么、去哪儿买衣服、去哪儿做头发。这些几乎成了每日必备的新闻内容。

凯特的靓照开始与足球明星的妻子、女朋友的照片或最新女子乐队、流行乐曲出现在一起。起初，他们俩对此置之不理。在某种程度上，威廉认为媒体的关注是必然的——毕竟，他已经习以为常，学生时代的短暂喘息才是非常规状态。此外，当他们在一起时，应付起来要容易些。总有一辆车随时恭候，总有一名王室保镖去应付任何可能发生的事情。威廉和凯特整晚外出之后钻进轿车的照片迅速成为图片编辑们早间日程的重头戏。然而，当她的男友及其随行安保人员不在身旁时，这一切对凯特而言则要困难得多。一些摄影师开始更加公开地尾随，这令她感到不安，就好像被人跟踪，虽然并无攻击性，但仍颇为棘手。摄影师们很专业，知道个中规矩。在某种程度上，凯特独自外出时得想方设法摆脱他们。

根据威廉的命令，克拉伦斯宫官员安排了一套对策以保护凯特。他们希望能证明凯特受到骚扰，于是召请王室律师中的隐私专家哈伯特和刘易斯提供建议。王宫里的每个人，包括查尔斯王子，都知道诉诸法律有多么麻烦。10月，哈伯特和刘易斯给报社编辑们寄去了一份非正式警告，用最强硬的措辞建议对方不要打扰凯特，并指责那些一直追踪她的摄影师违反了报刊投诉委员会的条例。威廉决定更进一步。他听取了父亲的公共关系秘书帕迪·哈弗森关于隐私问题的汇报，希望找出前一年摩纳哥公主卡罗琳在斯特拉斯堡法庭获得的里程碑式的判决胜利如何能在自己和女友的事件上发生效力。被狗仔队骚扰多年之后，那次判决有效地阻止了德国媒体刊发卡罗琳公主及其孩子们的照片。或许威廉也能为女友争取到同样的结果？他和凯特及其家人讨论了这个问题，并在几周之内指示王室律师研究通过采取法律行动、由法庭对凯特实施保护的可能性。2005年12月，《星期日电讯》得到消息，其首席记者安德鲁·艾德森撰写了一篇令克拉伦斯宫颇为得意的报道。

"威廉或许会诉诸人权法庭以保护凯特，"文章写道。这样的消息只可能来源于威廉的私人官员，而《星期日电讯》深受幕僚线人的青睐。文章继续，"威廉王子的此次计划意在确保他的女友凯特·米德尔顿可以拥有一个'正常'的生活，避开狗仔队的镜头。《星期日电讯》得知王子已经熟悉了复杂的隐私法条款，如果问题恶化，或派律师前往欧洲人权法庭。根据他朋友的说法，威廉王子觉得米德尔顿小姐的未来幸福以及二人关系的续存都取决于能否保护她免受摄影记者的过分侵扰。"

该报道读起来就像是一篇对伦敦小报编辑们的暗示性警告：如果他们继续刊发凯特的照片，王宫方面将动用法律手段。我着手调查该事件时，一名大臣告诉我："事实上，侵扰的程度已经有所降低，不过威廉对此非常关心。他本人倒能应对，但始终为那些仅仅由于和他交往就遭到侵扰的人而担忧。"

威廉的担忧可以理解，但也暴露了他和他父亲之间关系略微紧张的原因。查尔斯王子同情凯特的遭遇，但他觉得求助于欧洲人权法庭的做法不妥，会给王室带来一系列新的麻烦。毕竟，王室作为一个拥有特权、开销昂贵的非选举机构，要依赖于公众的积极态度才能生存。此外，查尔斯王子从不热衷于那一类法律，他认为那些法律常常被不恰当地滥用，不仅牺牲了更大的利益，也损害了本国的律法。

圣诞节临近时，问题缓和下来，大家都舒了口气。记者和编辑们似乎有所收敛。然而就在圣诞节前，王宫方面刚刚打算轻松一下，我披露的一则故事却令隐私问题重新回到聚光灯下，令警钟响彻伦敦警察厅王室保卫处和外交保护部。我披露，威廉要求知道准确定位了其女友在伦敦的居所的照片是如何被刊登在一家德国低档杂志上的。照片显示威廉在凯特的公寓待了一晚之后正准备离开，并用一个粗制滥造的红色大箭头标示出该公寓的确切位置，还冠以"爱巢"的说明。资深保密人员在汉堡地区的《新报》上对该事件进行谴责，称其"非常不负责任"。这个插曲也让相关人士立即重新审视王子的安全问题。威廉对该杂志竟然在2005年伦敦"7·7"爆炸案后首都尚处于安全隐患高峰期之时刊登这种私人信息的"愚蠢行为"极为愤怒。

凯特和威廉回到现实世界仅仅五个月，他们的关系似乎已经受到威胁。威廉知道自己对媒体采取的积极应对令父亲感到不安，也令父子间产生了一些摩擦。但这还不是威廉生活中唯一失衡的因素。在这个调整阶段，他和凯特的关系也变得紧张而不确定。9月，我得到消息说他们的关系进展迅速，要对此保持关注。

提及"婚姻"这个词似乎只是早晚问题。现在它来了，以一种只言片语的形式出现在《星期日邮报》颇具争议的凯蒂·尼克斯的专栏里。"威廉王子与凯特·米德尔顿间一波三折的关系比任何肥皂剧更牵动人心，"她写道，"他们是否会继续在一起是每个人都想问的问题。"之后，她笔锋一扬，声称白金汉宫的资深大臣已开始讨论婚姻的前景，婚礼的"应急预案"也已安排妥当。为保险起见，她首先指出，王宫方面对任何可能发生的事都会做出计划(女王母亲的葬礼从 1969 年就开始筹备),接着继续暗示公告会在 2006 年春天发出,婚礼在秋季举行。当然,这条消息包含很大的投机性,但绝不是空穴来风。它正说明大学毕业后的短短几个月内,凯特·米德尔顿已经取得了多么大的进展。

无论她与威廉如何敏感地想要维护她的隐私,到了当年年底,即便是主流报刊——与喋喋不休的小报相比,它们通常更克制——也开始登载关于凯特的文章。《星期日独立报》称她为"羞答答殿下"。他们声称威廉经常给人以这种印象,即如果君主制能在他登基之前被取消,他会很乐意地走出贵族的光环。他们说,他纵然生而高贵,在本性上却是一介布衣。在我看来,这个观点未免太过头。无论威廉受到多少来自母亲和父亲两种对立观点的影响,他仍是个彻彻底底的王子。他对隐私的渴求以及他心目中所谓的寻常,只是类似于想要得到属于自己的蛋糕的感觉。他对凯特的吸引力和他们之间关系的持续,或许可以作为某种"寻常"魅力的证据,但他很难成为文章中所设想的那种"共和王子"。当然,很显然,威廉在这名纯粹的中产阶级、自力更生的企业家之女身上感受到的强烈吸引力是那些,比方说,拥有三重姓氏和庞大家族谱系的童话世界中的公主们所不具备的。

评论员们暗自猜想,在威廉国王——或许还有凯特王后——统治下,我们或许能够看见目前这种昂贵、复古和奢华的风气(其中大多数可以追溯到十九世纪维多利亚女王对排场和人为历史的崇拜)有所改变。在他们的统治下,我们可以期待英国朝着斯堪的纳维亚式的现代君主国迈进,不过或许要以失去稳定为代价。

《星期日独立报》并未因此而退缩。文章继续说:"在凯特时期,所谓人民的王后或许会成为真正属于人民的王后:一名非贵族。宁愿做公民而非子民的共和派人士在戴安娜死后曾希望可以很快终结君主制。眼下这个情况是他们不希望见到的,但或许对于威廉是个美满的结局。"

　　然而就在新闻界准备为凯特加冕、颂扬她的平凡之时，她本人所关注的却是寻常生活，而非向王权的迈进。提到她打算与她的父母一起设计属于自己的童装品牌时，一名朋友透露说："她有时尚理念，也决定坚持到底。和她父母协作则意味着不会被人窥探出她与威廉是否在一起。凯特相信自己能有丰厚的收入。"

　　看上去她得到了威廉的支持。"他决心要让她可以过上'寻常'生活。"另一名消息人士告诉我。然而这个所谓"寻常"的老调已经令一些新闻界人士感到愤怒。凯特或许此时表现得寻常，然而一旦她或她男友的属下打算用"寻常"作为武器来对付新闻界最善意的质询，这寻常的面具就立刻被抛到了九霄云外。几个月之内，王宫方面已经对伦敦新闻界发出了各种警告，他们似乎正在进行一场危险的游戏。凯特希望可以一边与未来的国王约会，同时自己的生活又不因现实而改变。威廉则保护着凯特的意愿，纵容着她的幻想，这真的是为凯特好吗？受庇护的校园时代已经过去了，他们的关系正向另一个层次发展。凯特或许依旧留恋自己作为独立个体的身份，但他们的关系却并不只是他们俩的事。

第九章

军旅生涯

In the Army Now

我最不想要的就是被娇生惯养或被层层保护，因为，假如我参军，我就要去我的士兵去的地方，做他们做的事。我不想被当成个宝贝或者其他什么留在后方——这就是我最不想要的。

——威廉王子谈他的军旅生涯

　　威廉王子搂着凯特，将她拉近自己，毫不在意周遭，深深地吻着她。或许是山区的空气，或许是他决心要享受军旅生涯开始前的最后一刻自由，又或许只是因为他如此生机勃勃而又深陷爱情，无法不诉诸行动就让这份冲动白白过去。不过他们不知道，这浪漫的一幕被胶片捕捉了下来，注定成为他们公开的第一吻——这对年轻的恋人第一次放松警惕，展现着彼此间的亲密。

　　相处四年来，他们在公开场合始终保持着距离，从表面上看就好似沉稳持重的中年夫妇，不温不火，以致人们甚至有理由猜想他们之间的热情已经消散。但2006年1月的这一刻却将上述看法一扫而光。如果说他们一直为隐私问题担忧的话，那么这一次，担忧终于让位给了强烈的情感。

分离的一刻正渐渐走近，威廉只剩几天就要开始在桑赫斯特军事学院的训练。他的弟弟哈里王子已经是那里的学员，并早已开始了威廉不久也要参加的长达一年的训练课程。毫无疑问，哈里已经向威廉灌输了等待着他的严酷形势。但在此之前，威廉可以全身心陪伴着凯特，在克洛斯特斯一间不起眼的小屋里与她共度一个无忧无虑的滑雪假期。他们选择的地点或许并无特别，但威廉此次与凯特的告别之旅却与此前的家庭假期相去甚远。过去十七年来，每次和父亲在此度假都会有大批随行人员，行程安排也要经电报与瓦尔泽霍夫大酒店确认。这次度假却低调而简单。

令这对年轻恋人高兴的是，他们从一开始就成功甩掉了媒体。大批摄影师和记者不惜破费从英国长途跋涉到瑞士韦尔比耶滑雪度假区，他们凭直觉认为这对年轻的恋人会去他们钟爱的某个场所庆祝新年。但威廉和凯特却避开了度假区的酒吧和饭店，以便有尽可能多的时间亲密相处。对于新闻界而言，这是个昂贵的错误。想象着媒体聚集在阿尔卑斯方圆几英里之内，全副武装穿着滑雪裤和雪板，只为等待头条新闻，这无疑令威廉和凯特相当开心。

最终被记者找到时，他们用第一吻作为弥补，书写了一个完美的故事。威廉的浪漫之举发生在假期的倒数第二天。那是一个明朗的早晨，顺利征服度假区内的大多数黑道之后，他们决定去卡萨纳峰越野滑雪，在午餐之前享受一下雪沫纷飞的感觉。接着，那个吻诞生了。一名目击者说："凯特屏住呼吸，威廉用一只胳膊搂着她的肩膀，将她拉近身边，在她的双唇上印下一个绵长的吻。那一刻浪漫而隽永。"他们一路走来，经历了年轻热情的巅峰，也经历了短暂分手、摇摆不定的低谷。现在，这个公开、自信的吻表明，威廉明白自己已经找到了与自己心心相印的女孩，她的爱不为他的地位、财富或头衔，只为他自身。威廉知道自己很快就要开始在桑赫斯特接受此生最艰难的体能测试，且整整五周见不到凯特。（学员在完成最初五周的训练之前不允许离开军校。）

　　面对即将到来的别离，威廉和凯特允许自己去设想更远的可能性。"尽管他们的生活将要发生变化，但他们决心不让自己所拥有的遭到破坏。他们知道自己已经得到了一些真正特别的东西，只要他们彼此真诚，就没有任何人、没有任何事能够阻隔在他们之间。"一名他们身边的消息人士当时这样告诉我。

　　2006 年 1 月 8 日，凯特二十四岁生日的前一天，威廉在父亲的陪伴下抵达桑赫斯特军事学院，开始为期四十四周的军官训练课程。他是在学院中受训的最年长的王室成员，正要朝着未来军队统帅的地位迈出第一步。但首先，这名二十三岁的王子，著名的萨里学院当天招收的 269 名军官学员中的一员，必须面对一个不那么堂皇的考验：把头发剃得精光，在此过程中，自然也暴露了他父亲传给他的另一顶温莎王冠——谢顶。

　　威廉被分配到连队中，接下来的五周之内禁止离开军营。他的日程安排相当严格，除了学习野外生存、增强身体素质，还要学会把靴子擦得锃亮。第一期训练结束后，接下来的是掌握手雷、5.56mm 口径 SA80 步枪和勃朗宁 9mm 口径手枪的使用技巧。他要听由一些国内顶尖军官和无畏的战斗精英们讲授的急救、战术和战略研究课程。桑赫斯特的教官陆军中校罗伊·帕金森坦率地告诉聚集在学校见证王子入学的媒体，威廉王子在头几周的训练中只能得到"极少量睡眠"。学员威尔士——他在学校中将使用这个称呼——不会受到特殊待遇，他的训练教官不会对他放松要求。"我们招收的学员有各种背景，"帕金森解释，"但只要进入训练，背景就被统统扔出窗外。这里讲求的是团队精神。如果某个人出格，他就得出局，不管他是不是王子。"

　　可想而知，第二天的报纸上出现了这样的玩笑，说王子在桑赫斯特的时光将会是一场"意志的战斗"。在他面前横亘着他年轻时代最艰苦的经历——至少就物质条件而言。

训练仅仅六周，他就遇到了最严峻最令人生畏的练习："长途拉练"——在雨雪交加的威尔士山峦中行军二十四小时。背着和自己体重相当的行李，没有睡眠时间，仅供给最低限度的口粮，威廉正经历着意志、身体素质和心理承受力的考验。照片上的他在寒风中弓着腰，与连队一起在可怕的环境中搏斗。然而，他从没有步叔叔爱德华的后尘，不像后者那样因训练中的低迷表现而未能成为皇家海军陆战队员。这支队伍的座右铭是"出类拔萃"，威廉必须证明自己能够达到标准。他曾经一度想从大学退学，但现在他知道，无论多么艰难都不能退缩。经历了几乎一天一夜的艰苦行军，穿越极度寒冷的威尔士黑山，仅仅依靠几口巧克力维持体能，年轻的王子显得苍白而精疲力竭，却展现出了真正的意志力。他有着内在力量，希望向自己、向他的学员同伴们证明自己名副其实。在攀爬陡坡的过程中，威廉曾一度接近崩溃，一屁股坐下来大口喘气。但他往往会在起身继续行军之前鼓励队友们，毕竟，这也是一个团队培养的过程。年轻的学员们行军超过六十五公里（合四十英里），途经九个检查站，风餐露宿。269名学员中有三分之一未能完成训练要求，威廉不在其中。

当威廉投身军事训练之时，凯特也有自己的战斗。从某种意义而言，二人之中，她的处境更加困难。因为在威廉的生活按部就班地严格遵循着军队纪律的同时，凯特则面对着相当艰巨的前景，要考虑好在此期间自己该怎么办。严格说来，她在他生活中的位置仍然悬而未决，她仍然得在那种中产阶级－王室待选状态下的奇怪的、令人不适的矛盾生活中挣扎。"她向来不是那种吃老本的人。"一名与他们二人关系密切的人士当时说，"但是可以说，这段时间对他们两人而言都很困难。威廉的路已经注定了。"而凯特的没有。她当然爱他，对此她深信不疑，但她不能飘飘然坐等她的王子回来。她已经考虑过并排除了在画廊工作的想法，因为她毕竟拥有国内顶尖大学的艺术史学位。她也不愿傻乎乎地把时间空耗在思念王子的白日梦上。凯特重拾起自己经商的主意，和父母一起打理派对礼品的生意。但她发现，无论付出多少努力去对付狗仔队和记者们，自己的行动都比以往任何时候都更受关注。

眼下，由于她备受关注，哪怕是那些毫无价值的事情、最微不足道的细节都有可能成为故事。她在哪里美发、美甲如今都成了新闻。凯特与母亲一起去伦敦斯隆广场，无意中坐上某种宝座，便引出了一段有趣的经历。理查德·沃德的美发美体中心是爱德华王子之妻韦塞克斯伯爵夫人索菲和希腊公主玛莉·尚塔尔钟爱的会所，这里的水疗项目之一是坐在一个升起的"宝座"上修剪指甲。当这一情景出现在那个人们心目中注定要成为未来王后的年轻女子身上时，爱嚼舌头的专栏作家们立刻浮想联翩。"凯特和她母亲卡罗尔随意地走进来，"该会所的一名内部人员说，"她很朴实，无论如何都算不上那种花枝招展的人，但看上去总是很精神。"这是事实。凯特似乎总是既得体又极富魅力。她与王室的交往的确为她增添了一些魅力，但就她自身而言，正是低调的风格和自信的光芒完美结合，才使她从一个可爱的少女转变成一名窈窕淑女。她从不显得刻意为之，但在镜头前永远光彩照人。

威廉参加陆军的决定是其自身生活与王室职责认知的妥协的结果。他曾经拒绝加入皇家海军，因为那意味着要有若干个月待在海上，远离"可爱的凯特"。加入陆军对于威廉而言算是某种程度上的胜利。但身处严格的训练，虽然离凯特只有数英里之遥，他仍有很多障碍需要跨越。每一步浸透了泥浆的行军，每一个冷彻骨髓的野地之夜，每一声咆哮的命令，都提醒他这不是自己想选择的，而是一出生便被强加在头上的生活。威廉很早就宣布如果要参军，那么他的目标是成为陆军航空兵的直升机飞行员。他对加入王室卫队——比如像他弟弟哈里那样加入皇家近卫骑兵团——的传统做法不感兴趣。

事实上，哈里比威廉表现得更像一名天生的战士和领袖，这令那些经常把哈里不当一回事的评论家们大为惊讶。长久以来，哈里被视为没有责任感的小弟弟，没有真正的工作，没有真正的职责，且似乎毫不在乎。但在桑赫斯特，哈里埋头苦干，一鸣惊人。他虽然远远算不上完美无缺，却令上司印象深刻，也在同伴中大受欢迎。"他完全可以当个小懒鬼。"一名资深官员承认。然而尽管如此，哈里能平安地完成在桑赫斯特的训练，定然是克拉伦斯宫官员夜夜祈祷发挥了作用。

当兄弟俩在桑赫斯特接受个人考验之时，凯特则因一张照片而一跃冲天。该照片显示出，无论她的王室男友是否在场，她都已融入了王室生活。那一幕发生在 2006 年 3 月 17 日，切尔滕纳姆金杯赛。卡米拉负责向获胜者颁发奖杯，因此该项赛事就排在了她和查尔斯的官方活动日程中。凯特和她的一名女友以及女友的父母出现在周五比赛现场，从投注通道进入，混杂在当日的观众中。她精心打扮，惊艳全场。资深王室摄影师马克·斯图尔特在人群中发现了她，并知会了查尔斯王子的新闻团队的资深成员阿曼达·内维尔（现在叫阿曼达·福斯特）。斯图尔特说，阿曼达听说凯特也来观看比赛，显得有些惊讶。

令摄影师们更为惊讶的是，第二轮比赛时，凯特出现在了王室包厢的看台上。王子的朋友维斯堤爵士正在那儿为查尔斯、卡米拉、卡米拉的女儿劳拉以及劳拉的未婚夫哈里·洛佩斯设宴，在场的还有汤姆·派克·鲍尔斯及其夫人萨拉、扎克·哥德史密斯、本·艾略特和威廉最好的朋友之一托马斯·梵·斯特劳本茨，而后者正和凯特热切交谈。这是凯特第一次被单独邀请出席如此高端的场合，她如约而至。这也是卡米拉目前为止最高调的社交活动，但她似乎并不在乎被这名年轻女士抢了风头。恰恰相反，她表现得热情而好客。如果有谁能理解凯特的紧张心情，那就是卡米拉。说到在众目睽睽之下徘徊于王室边缘，她可是过来人。

当天拍摄的包含凯特在内的照片从某种意义上首次展现了一个"新的"王室家庭。这些照片新颖、有吸引力，更典型地表现了此类题材的现实混杂性。这是一群有着不同背景的人，每个人都有各自的故事：有些人的婚姻受到争议，有些是年轻的情侣，有些人曾经挥霍无度如今浪子回头。他们是舞台上的一批新星，或者至少可以说是老演员扮起了新角色：情妇成了妻子，脾气暴躁的王子成了温柔的继父、丈夫、或许还有未来的公公。

"看到凯特与王位继承人相处得那么轻松自如，真叫人惊讶。"马克·斯图尔特说，"这恰恰证明她和威廉的关系相当靠谱，也显示出卡米拉对她欣赏有加。毕竟，这是卡米拉第一次出席金杯赛，但她丝毫不介意凯特的在场盖过自己的风头。"

不出所料，凯特现身王室包厢的消息引发了博彩界的狂潮，至少有一家博彩公司被迫将凯特与威廉在次年订婚的赔率由 40：1 降为 25：1。

相比于弟弟哈里王子，人们很容易忽略潜藏在威廉身上的叛逆性格。然而 2006 年 4 月 14 日和 15 日，正是威廉自己——而非作为聚会主角的弟弟——将他推上了晨早小报的头版。

事情原本只应关乎哈里。毕竟，4 月 14 日星期五是他在桑赫斯特完成训练的日子，是军校学员威尔士接受君主——哈里的奶奶——的检阅，成为皇家近卫骑兵团少尉威尔士的日子。人们自然会开一些关于年轻王子的无伤大雅的笑话，比方说"现在走过检阅台的是红脸哈里，不，不是你所想象的那样"之类。事实上，在完成四十四周的训练之后，告别了恶习与丑闻的哈里完全配得上享受这自豪与被认可的一刻。很可惜，他并没有得到。女王对学员们发表了演讲，她形容阅兵式"场面宏大"。"我希望这一天标志着你们辉煌生涯的起点，"她说，"我信任你们，为你们祈祷。"接着，她将著名的荣誉之剑颁发给最优秀的学员，同时也颁发了女王勋章，并宣布了新晋军官名单。这是她十五年来首次出席阅兵式，之所以选择这一次，个中原因不言自明。

结业阅兵式是哈里的毕业典礼，接下来就是毕业舞会狂欢。这是桑赫斯特的老传统，君主检阅为这一天开了个好头。按照惯例，哈里邀请了十名亲友参加。他的女友雀希·戴维没有观看下午的阅兵式，她为准备晚间的正装舞会而预约了美发师。但查尔斯王子、卡米拉、哈里早年的奶妈泰姬·佩蒂福（娘家姓莱格-伯克）、好友休、艾米莉·梵·卡森、菲利普亲王悉数出席。威廉自然也在场，当弟弟列队经过时，他与其他学员一起立正行注目礼。凯特也受到了邀请，但出乎意料的是，她没有出现。

据一名在场人士说：“每个人都在期待她，然而她没来。事实上，直到下午五点，大家仍希望她能现身。但老实说，我觉得要员们因为她的缺席而松了口气，因为他们认为如果凯特不去，威廉就不会去，当晚的安保压力也就会稍稍减轻些。威廉和凯特也不想抢哈里和雀希的风头，因为这一天属于哈里。”倘若不愿抢男友弟弟的风头真的是凯特决定不出席当晚舞会的背后原因，那么她的自我牺牲算是白费了。

阅兵式刚结束，哈里和新军官们就换上了之前尚没资格穿的全套制服。身着紧身裤、笔挺的坎肩和鲜红的外套，哈里从头到脚军官范儿十足。他与连队伙伴们喝着酒，开心地聊着天。他的祖父母对他表达了骄傲之情后先行离开，除了雀希，他邀请的其他客人也陆续离去。

在各自的连队喝过酒，学员们和他们的客人被领入学校体育馆，真正的舞会正待开场。这听上去或许很寒酸，因为通常只有学校迪斯科舞会才会在体育馆举行，但事实上这栋建筑已被装点成富丽堂皇的会场。一条条铺着地毯的走道通向各个主题厅，每个厅都被布置成不同的风格，以迎合各种口味。在某一个区域，现场乐队在令人眼花缭乱的舞池前演奏，周围的高腿桌被装点成红色。另一个区域则是爵士风格。此外，参加派对的人们也可以在赌场里玩轮盘赌和黑杰克，在冰吧喝伏特加，就着巧克力喷泉喝巧克力。室外，军事训练场摇身一变成了娱乐公园，配备了过山车等惊险游乐设施和汉堡包餐车。这是个奢华的派对，但哈里的眼里只有雀希。她身着绿宝石色的丝绸长裙，衬托出身体的曲线，后领口开得很低，露出完美无瑕的栗色肌肤，美人鱼造型的裙摆一直拖到地面。她只化了淡妆，戴着式样简洁的耳环。雀希前一天下午刚刚飞抵希斯罗，受到了通常只有王室成员、政府要人——或者有时候是通缉要犯——才能享有的安保服务。她和哈里已有数周未见，因此很自然地不愿片刻分离。

"哈里和雀希跳舞、接吻时，他的保镖就站在附近。他们接吻、拥抱、手牵着手公然做出亲昵动作。"一名派对老手回忆说，"我猜他已经习惯了，但看上去有些古怪。他和其他学员开着玩笑，显然相当受欢迎。他很愉快地与周围所有人交谈，尽管似乎更渴望与姑娘们聊天。"只要漂亮的女宾提出要求，他都会兴致勃勃摆起造型与之合影。一个姑娘喝醉了酒，在朋友们的怂恿下厚着脸皮拧他的屁股，他则友善地大笑。"哈里没有恼火，"另一个女孩说，"他只是在她的屁股上回敬了一下，而她则傻笑着跑开了。"

午夜，派对移到了室外，盛大的焰火表演照亮了夜空，新晋军官们扯下搭在制服肩章上的丝绒长带。这是传统仪式的一部分，也是这场越来越喧闹的派对中的欢庆高潮。到了这会儿，有些学员和宾客已有些精神不济。

在所有狂欢者中，令高级军官们感到失望的却是威廉王子。哈里与学员中的佼佼者们一起喝酒、抽烟、庆祝。但在场的见证者都认为，他从头到尾始终风度翩翩，既没有喧闹也无不当之举，大部分注意力都放在了雀希身上。他为自己以及并肩奋斗的兄弟们取得的成绩而骄傲。威廉和他的一些前来参加派对的平民朋友们却并非如此。一名校方人士回忆说："威廉的一个平民好友整晚都在模仿一名准将，试图命令周围的人。他和他的王室朋友觉得这很有趣。另一个家伙则吹嘘在单身派对上遇到妓女、被掏光了钱包。除了他们自己，没人觉得这有什么好笑。"

将近凌晨 2 点时，他们的行为越发过火，一名高级军官告诉威廉最好到此为止。这对于威廉无疑是羞辱的一击，更糟糕的事就要发生了。数小时后，桑赫斯特的指挥官安德鲁·里奇将军致电克拉伦斯宫，要求对前晚发生的不雅行为做出解释。早间小报刊登的照片上，威廉显然喝醉了酒，正试着爬上一辆过山车。关于"上流社会的傻瓜"以及长王孙行为的报道很快开始发酵。人人都说哈里"沉稳如金"，遵守纪律；威廉却没有。

二十四小时之后，威廉和哈里回到伦敦继续庆祝，凯特和雀希也加入了他们。他们被拍到在南肯辛顿的波吉斯夜总会喝得酩酊大醉。有人见到威廉与雀希而非凯特离开。哈里似乎已从后门悄悄溜走。这是王子们对付守候的狗仔队的方法，把他们甩开。哈里有值得庆祝的事：桑赫斯特的训练结束了，雀希不久将会与他一起去度假。但威廉的境况则不同。生平头一次，他成了那个自私、考虑不周、彻头彻尾表现糟糕的兄弟。前一晚他过于出格，现在他依旧没有收敛，就好像可以随心所欲不必担心批评一样。这么说听起来或许苛刻，有的人也许会争辩说威廉还只是个不满二十四周岁的热血青年，在和弟弟及女朋友寻开心而已。或许的确如此，但这个借口无法使他免于非难。由于缺乏自制力，也无力约束朋友们，威廉毁了哈里的荣耀时刻。他用最负面的影响抢走了弟弟的风头。很显然，事情发生时凯特不在他身边。如果她当时参加了舞会，威廉会落入相同的处境吗？看似不太可能。

一切似乎突然之间清晰了，他们之间关系的天平已经悄然改变。凯特的魅力与形象一度取决于威廉的在场。但哈里毕业之夜所发生的事说明，影响已经成为双向的。公众喜欢凯特，无论王子们出身如何高贵，公众对其花花公子做派的容忍总有个限度。在媒体和公众眼中，凯特已经注定与威廉联系在一起。是否正是由于有了她的陪伴，威廉才更受我们喜爱呢？

　　一谈到婚姻和王室职责，威廉就急于强调自己还年轻。他会引证说在英国平均结婚年龄是三十二岁，自己才二十四岁，还应该享受很多年的单身时光。但威廉和他的地位可无法平均。这是威廉不愿听到的。他的想法和他母亲如出一辙。当威廉的首任奶妈芭芭拉·巴恩斯指出戴安娜试图将威廉培养成一个"普通"男孩是违背了其天生本质时，她被戴安娜炒了鱿鱼。戴安娜对于怎样培养儿子有着清晰的想法。思维传统的巴恩斯抗议说："王子们需要得到特殊对待，因为他们原本特殊。"她或许多嘴，但却说出了真理：威廉不是，也永远不可能是"普通的"。

第十章

前方的路

The Way Ahead

她英明卓绝，她是真正的榜样。

——威廉王子谈论女王

　　他们在由竖琴手和笛手演奏的巴赫、瓦格纳和多尼采蒂的乐曲声中抵达邱宫。音乐悠扬，环绕着宫殿的精致的王室植物园中光线渐暗，家人们渐次通过女王的闺房，也就是叹息屋，进入国王客厅。桌面布置得完美无瑕，沐浴在无数蜡烛的柔光之中。鲜花给房间增添了芬芳与色彩，银器整齐锃亮，玻璃器皿闪闪发光。这是一次非常特殊的晚宴，是为了一位真正卓绝的女士的荣光，因此所有的一切必须完美。那是 2006 年 4 月 21 日晚，荣耀嘉宾伊丽莎白二世女王正在最亲近的家人陪伴下庆祝八十大寿。

　　为了彰显对她祖先的苏格兰血统的自豪，当晚的头菜是烤赫布里有机烟熏三文鱼。从桑德灵厄姆庄园运来的杜松烤鹿腰搭配波特酒汁、蒸卷心菜和春季时蔬，来自查尔斯王子的海格罗府的水果则作为甜点。威廉坐在祖母身旁，他的父亲坐在她另一侧。这位女士已经作为至高无上的君主和家长统治了五十三年，望着围在身边的家人，她一定满心喜悦。经历了这一年并不平坦的开局，现在她的家人终于有机会欢聚一堂，沉浸在纯粹而浓郁的喜悦、骄傲和欢庆中。

宴会主办者查尔斯和卡米拉首先到场，紧接着是威廉和哈里，约克公爵和他的女儿，碧翠丝和尤金妮看上去比原来更优雅更成熟。之后是韦塞克斯伯爵和伯爵夫人，长公主和她的丈夫海军少将蒂姆·劳伦斯，以及她的孩子彼得和萨拉·菲利普。已故玛格丽特公主的子女，即女王的外甥和外甥女林利子爵、莎拉·查托夫人也在宾客之列。

整个宴会过程中，十二名来自伦敦室内乐团的音乐家在克里斯托弗·瓦伦·格林的指挥下演奏了亨德尔的水上音乐选段。晚餐接近尾声时，到场宾客举杯向"伟大的"君主和"亲爱的妈妈和奶奶"致敬。这是华美而快乐的一天。早前，全世界媒体的焦点都已汇聚在温莎。我当时站在临时搭建于城堡对面商店屋顶上的 CNN（美国有线电视新闻网）演播台里，再一次为王室的历史性时刻担任解说。正午时分，女王现身巡游活动，身着鲜红制服戴着熊皮帽的爱尔兰卫队乐手演奏着"生日快乐"的曲调。

大约两万名群众聚集在警戒线之后。其中有些人提前六个小时就耐心守候在现场，只为在女王生日当天一睹她的风采。随着时间的临近，人群越聚越多。从我有利的位置望去，城堡前的街道满是身着红、蓝、白色服装的爱国民众。他们有些激动地抓着金属栏杆，有些挥舞着小旗或高举着条幅。当身着樱桃红色衣衫显得英姿勃发的女王经过时，人们纷纷抛洒鲜花、呈递礼物。她走过城堡正门亨利八世国王门外的维多利亚女王青铜雕像，雕像俯瞰着大街和人行道，好似对眼前的场景颇为赞许。

那个阴沉的四月早上，看着她庆祝自己的生日，我感到变化正在降临，这台王室机器的齿轮已经悄然转动准备换挡。一名内部人士告诉我："决定已经做出，女王淡出公众生活的程序已然启动。女王八十岁了，菲利普虽然就其年龄而言仍然相当强健，但毕竟已是老人。女王认为维系君主制的关键在于转变的过程中实现无缝连接。"

这正是眼下所发生的，她已经顺畅地转入半退休状态。女王明白自己在历史中的位置，她知道时间已到，要么顺应时代，要么就得承受君主制崩塌的危险。权力交接就在我们眼前发生，但只有王室家庭中极少数人和他们最亲密的心腹和智囊才意识得到。变化是微妙而巨大的。

事关重大，一切都要万无一失。女王和她心爱的孙子在一起的时间越来越多，这绝非巧合。女王意识到，虽然民众的观点已有所缓和，但对查尔斯而言，一个简单而痛苦的事实是，作为长子而生来要承担的角色已经悄然忽略了他。历史、命运和他自己的坏脾气共同将查尔斯置于尴尬的境地。多年来，他的亲生父母对他是否适合继承王位表示怀疑。按照一名王室内部人员的话说，他被视为那种我行我素的人：太容易动怒，无法控制脾气，时常在某种几近革命热情的冲动驱使下，用各种在很多人眼里近乎于骗局的站不住脚的倡议、行为和信条去为国家"打上自己的烙印"。

查尔斯的表现应当被视为对各种思潮的杂糅、推进，他的智囊们对他施加的政治影响也是个不可忽视的因素。前任副私人秘书马克·博兰德承认，他在任期内"尽力阻止王子对很多事件公开表达自己的想法和观点"。

他写道，"政客们时常关注王子的个人行为，他们出于利益的考虑会主动联系我们。内阁大臣们的私人秘书经常将他们的看法，尤其是他们的忧虑告知我们。"

查尔斯或许做了些贡献。毫无疑问，他已经在一些重要问题上引起了人们的关注，比方说转基因作物、宗教宽容和环境保护。但当他继承王位之时，必须收敛起这份热情。他意识到了这个事实。然而，尽管在查尔斯和卡米拉问题上的努力获得了部分成功，但既成事实是媒体的聚光灯已经转向了威廉和他将建立的朝堂。无论发生什么，人们关注的焦点似乎注定很少停留在查尔斯和卡米拉身上。毫无疑问，对于像查尔斯这样极为自负的人而言，保持沉默并非易事，但倘若他想让君主制安全地延续到下一代——威廉和凯特的一代——他必须这么做。

一名前大臣说："戴安娜去世后相当长一段时间，白金汉宫的很多工作人员都深信自己是在为倒数第二代君王服务，他们认为查尔斯无法让王位传到威廉手中。"

我不认为这种悲观的看法如今还有什么价值。不过，考虑到自己在位期的延长，女王暗示要通过婚姻解决"卡米拉问题"。查尔斯意识到自己的责任，同意了。这不仅是查尔斯和卡米拉浪漫长跑的完美解决方案，也为下一代铺平了道路。此举同时也向查尔斯明示，他必须融入更大的蓝图，接受女王设想的转型方案。风险是可控的，并且似乎已安然过去。查尔斯和卡米拉的印度之旅所受到的欢迎即便称不上激动人心，至少也是热情的。关于卡米拉的媒体报道逐渐温和，却从不激情洋溢。查尔斯或许有很多支持者，但不可否认的是，他最大的财富也正是他最大的弱点。作为伴侣和康沃尔公爵夫人的卡米拉始终提醒着人们他过去的错误。卡米拉无疑给了查尔斯以力量，但无论王室发言人试图表现得多么乐观，查尔斯和卡米拉的关系已经背上太多的包袱，难以接近爱情的年轻梦想。

不过人们普遍的感受是，有了卡米拉的陪伴，查尔斯不再那么任性，这也为从女王到查尔斯再到威廉的权力交接打下了基础。白金汉宫的核心工作人员已经转至克拉伦斯宫办公。由于女王准备移交大部分权力，查尔斯的幕僚似乎得到了提拔和加强。"眼下，君权的核心正在进行一次彻底的转型。"一名王室问题观察员解释道。女王虽不打算退位，但已有意放权，查尔斯则被视作稳妥的接棒之手。然而，君主制未来真正的焦点、真正的希望却在威廉和凯特身上。

威廉开始逐渐理解自己一度试图逃避的公众责任。2005 年他首次正式出访新西兰，其表现堪称出色。他已经在桑赫斯特受训，而这一点表明他最终接受了现实，作为未来的军队统帅，他必须首先身着戎装。特别值得注意的是，他也担任了足球协会主席之职。近年来这一职位通常由年轻的王室成员担当，威廉是从其叔叔安德鲁王子的肩上接过担子的。但我们不妨看看交接时间：他的接任恰逢世界杯年，而乔治五世和乔治六世也都担任过该职位，于是这一角色带给威廉的定位更多是培养期中的现代君主。他担任主席之职所释放出的信号相当清晰：他不像其父那样只打马球，也投身于足球运动（尽管凯特对此并不热衷，当被问到她为何不打马球时，她告诉作家凯茜·列特"我对马匹过敏"）。威廉，这个拥有所有特权的男人，哪怕算不上一心为民，至少也是个以人民为重的人。他和英超查尔顿队一起训练，公开表示自己支持阿斯顿维拉队。这为他和王室增添了现代、前沿的气息。"他不像他父亲表现出的那么过时。"一名评论员如是说，"他紧跟时代——看看他的女朋友就知道了。"

　　凯特是个地地道道的中产阶级。她的家族既非地主也非贵族，她这样的出身放在过去只有给王位继承人当情妇的份。这并不是说她缺乏做王室媳妇的气质。从某些方面而言，她完全符合条件。他们的关系虽然早在公开之前就已既热情又浪漫，但她的表现却平稳慎重，没有任何绯闻。查尔斯教导儿子，在选择新娘的问题上首要考虑的是责任，但继承自父母双方的叛逆精神令他质疑，真正的现代君主是否应该忍受类似前辈人的自我牺牲。他争辩说，自己应该被允许对自己的时间做出自己的选择，他的家庭、国家应该相信他有这个能力。威廉不愿被人左右的决心在现代观念看来再正常不过，但父亲关于责任的谆谆教诲也与他如影相随。

　　我们无法无限期地容忍这个花花公子于凌晨三点出没于夜总会，或者像他弟弟那样一头埋进脱衣舞娘的乳房。伦敦西区波吉斯之类仅向特定会员开放的夜总会的 2500 英镑的账单已经不是什么吸引眼球的新鲜事了。在女王眼里，过于高昂的开销只是令她想起那个鲁莽的花花公子伯父以及多年前他抛弃责任的作为。从没有人听说过女王醉倒在酒吧里。无论是过去还是现在，她的举止始终符合君主的身份。威廉自始至终都得小心，得认清王族与普通社会名流的区别。如果他把自己的角色定位为后者，那么公众或许会开始怀疑，为了维持年青一代的王室，我们要付出怎样的代价。

王室需要的是一种年轻的浪漫，而非无情的放荡。在清纯的凯特和俊朗的威廉身上，他们找到了。

"说真的，"一名助理在他们订婚消息公布前告诉我，"没理由怀疑凯特不能像戴安娜那样对君主制产生影响。戴安娜只是更年长、更自信些，而凯特则更有智慧，至少比戴安娜更富学识。让我们拭目以待。"

而作为丈夫，威廉对妻子的保护意识相当清晰，这是其父查尔斯对待戴安娜时所没有表现出的。

毋庸置疑，查尔斯将成为国王，卡米拉将成为王后。威廉深信他的父亲会成为一名好国王，而他自己则依旧不愿扮演起他的官方角色。

威廉承认："我是那种不经过反复考虑就不想急着着手某件事的人。我并非刻意回避，只是希望去从事那些自己真正有兴趣的事。"

毫无疑问，威廉对王室生活的兴趣远远不及其父和祖母在他这个年龄时所表现出来的。有些时候，他会履行自己的职责。他的确及时回复来自家庭和朋友的私人邮件。假如他周末在某人家做客，总会亲笔写个感谢条。他也会花上一两个小时研究女王和查尔斯给他的卷宗。这些并非官方文件，而是他们精心挑选出来的可以帮助他熟悉国王角色的文章。他不喜欢这份苦差事，但只能屈从，这是所谓特权的不那么诱人的一面。

2003 年，作家兼记者约翰·哈利在他的书《上帝拯救女王：君主制和温莎的真相》中一鸣惊人。他说威廉王子、他父亲、弟弟以及百分之二十的英国民众都是共和制的支持者。他写道："有一个人有权力去摧毁英国的君主制——他不是政客。这个将最终开创英国共和制的即将二十一岁的年轻人名叫威廉·温莎（当然，应该是威廉·威尔士）——或者，或许史书中会称他为末代国王威廉。我们现在都应该承认三个基本事实：威廉不想当国王；他痛恨当国王的念头；他不会当国王——永远不会。"

　　他继续写道："因此，假如威廉放弃王位，将会对君主制产生什么后果呢？从法理而言，王位可以很容易地传给威廉的弟弟哈里。但所有的证据都表明哈里甚至更执拗、更个人主义，更排斥将自己的精力束缚在'责任'的索然生活中。那么，王冠可以传给安德鲁·温莎。但说真的，难道大多数人不认为是时候了结了吗？"

　　这些论断的事实依据难以辨别。他希望王室退出历史舞台，并以威廉也持有相同观点作为前提，以得出君主制在劫难逃的结论。不难料想，尽管这些有争议的观点相当荒谬，却令此书大为畅销，同时也为包括威廉在内的王室成员设下了圈套。威廉对于君主这一角色必然有他自己的深刻理解。

　　威廉利用二十一岁生日采访的机会声明了自己为国家服务的愿望，以反驳哈利的评论。他直截了当地说："所有那些问题都是围绕'你想当国王吗？'这不是想不想的问题，而是我与生俱来的责任。想这个词不合适。那些关于我不想当国王的故事都弄错了。国王是个非常重要的角色，是个我不能轻视的角色。当国王意味着要帮助人民、有奉献精神、忠诚，我希望我有这些品质——我知道我有。"

　　"有时候我的确会为此感到焦虑，但并不是特别担心。我想先念完大学，或许之后再认真考虑。我从没有公开谈论过该事。这不是你可以随便和哪个人闲聊的话题。我就此反复思考过，但只是我个人的想法。我会一步一步走下去，尽力做到最好。我们需要君主制，我觉得它非常非常重要。这是一种稳定性，我希望能持续下去。"

　　或许是因为年轻，他被视为现代主义者。然而无论他对搭档的选择有多么"激进"，威廉离哈利所设想的革命却很远。威廉说："现代化这个词用在君主制上过于强烈，因为这是个已经存续了数百年的体制。不过我认为，民众感觉君主制可以和他们同步前进，与他们的生活息息相关，这很重要。我们都是人，不可避免会犯错误。"

"但说到底，这个家庭里有一种伟大的忠诚和奉献精神，这也感染了我。从我小时候起，它就一直给予我积极的影响。人们说那不是野心，而是想要帮助他人的雄心。想要一直保持这种雄心是有相当难度的，没有整个家庭的支持，单单一个人难以为继。眼光放得太远、试图预测君主制的变更是危险的。"

威廉或许相对而言经验不足，但他已经置身其中足够久，明白君主制必须得到民众的认可。在我看来，他对未来保持沉默是明智的。或许母亲的过世使得他始终难以满怀信心地展望未来。但如果他想成为一名成功的君主，有几件事迟早必须面对，其中之一就是继承王位。

威廉已经从他已故母亲的小宝宝长成为一个令姑娘们惊声尖叫的青春偶像，再到一名沉稳的年轻王子，一个丈夫。他和父亲开玩笑，他在那些开心、自然的家庭气氛中为查尔斯增添的声望远胜于公关老手一生所能做到的。他曾经是个淘气的小男孩，一个模范学生，一个为了平凡而抗争的大学生。不过，最终他仍要成为国王。"我为此担心，"他曾经说，"但我并不过多地去想，没必要为尚未成为现实的事担心。并不是我永远不想做，只是不想年纪轻轻就把自己扔进深水区。"

王冠是威廉生活中永远抹不去的现实，无论他如何试图说服自己和他人都无济于事。威廉在继承中的位置决定了他以及他所面对的责任之重大。他越来越多地为渐渐远离平凡走上注定的道路而烦恼。他担心自己不能脚踏实地，希望能有祖母的力量、父亲的热情和已故母亲的和善。他踌躇不前，他屏住呼吸，希望——就像他说的——当那个要把他抛入深水区的时刻到来时自己能够知道。然而，他没有意识到这一时刻已经来了。现实中，威廉王子没有其他选择，他不能沉下去，他必须游。不久之前，留给年轻王子的唯一决定权是选择和谁一起游。现在，决定已经做出。

第十一章

合　格

Making the Grade

他能和我一起出去是他的运气。

——凯特·米德尔顿与威廉王子约会

那或许是这位现在被公众视为威廉的待位王妃的姑娘迄今为止最重要的一天。2006 年 12 月 15 日，一个晴朗的日子，在官方事务记录中，当天是威廉的荣耀时刻——他从桑赫斯特皇家军事学院毕业了。不过，似乎合格的不单单只是未来的国王，即将二十五岁的凯特生平将第一次与女王和其他年长的王室成员一起出现在公众面前。这一明显的"入伙"信号没有被忽视，哪怕最沉闷的记者们也允许自己稍稍纵情于浪漫，比如《每日邮报》便极其难得地评论说凯特的红色上衣与当天威廉的饰带很般配。她着装风格的改变以及在男友的重要时刻出现在现场的事实，都发出了"迄今为止最强烈的信号：她和威廉王子会结婚"。

直到此前，威廉对女友的强烈保护态度确保了他们之间关系的牢固性。除了偶尔的夜间外出或去打马球，他们公开露面的次数相对较少。但那个 12 月天，威廉公开向凯特发出邀请，人们无疑从中解读出大量信息。她与她的父母迈克尔和卡罗尔，以及王子的私人秘书杰米·劳瑟-平克顿在王室成员之前到达。尽管凯特没有坐在王室团队——包括爱丁堡公爵、查尔斯和卡米拉——旁边，却受到了特别接待。当时其他来宾已经就座，凯特被领到前排，与威廉最好的朋友托马斯·范·斯特里本茨以及他的两位教父希腊国王康斯坦丁、罗姆希爵士坐在一起。凯特和她的家人真的跻身上流社会了。事实上，这名身着鲜红色上衣、魅力四射的年轻女性的风头盖过了所有王室成员，包括女王。

典礼结束后，她与一名朋友交谈时对男友的毕业制服所做的评价也同样引起了关注。媒体获取故事的手法层出不穷。英国ITV（独立电视台）网络雇佣的唇语专家通过唇形辨识出了凯特的评价："我喜欢这制服，看上去真性感。"无论她的原话是否如此，凯特就像之前的戴安娜，即便在王室明星悉数在场的情况下，也能将焦点吸引到自己身上。这一点，不仅王室成员们，连宫廷幕僚们也不无担忧地注意到了。

当天，二十四岁的威廉与233名军事学院的学员一起接受君主的检阅。像弟弟哈里一样，他注定要加入蓝色皇家骑兵团，在那里接受成为装甲侦察兵指挥官的训练。与2007年被派往伊拉克服役的哈里不同，作为王位第二顺位继承人，威廉不能去作战前线。无论威廉多么全身心地投身军事训练，都不过是纸上谈兵而已。他将在陆军服役一年，然后进入皇家空军和皇家海军，以便为未来成为三军领袖做好更充分的准备。

为了这一切，威廉站在寒风凛冽的冬季清晨中，从头到脚透着一名真正的王室士兵的风采。身高六英尺三英寸的他作为护旗官站在方阵顶头，也是确保整个方阵整齐前进的排头兵。他和其他学员们一样身着深蓝色制服、军帽，戴着白手套，但特别之处在于他持的不是剑而是步枪，且身披鲜红绶带。他还佩戴着祖母在登基五十周年大典时授予他的蓝白色勋章。检阅这些年轻士兵时，女王在孙子面前稍事停留，一声轻轻的"你好"令威廉笑容绽放。

克拉伦斯宫方面公开表示，阅兵式结束后，凯特和其父母首次参加了王室午宴。白金汉宫此后却极力否认。王宫方面对米德尔顿家端着架子，试图声称女王实际上从未接见凯特的母亲，这一声明令包括我在内的许多王室新闻记者目瞪口呆。毕竟，当时王室曾经津津乐道于那次欢乐的午宴的报道呢。

为了纪念威廉毕业，克拉伦斯宫公布了王子在桑赫斯特参加最后一次集训的照片和镜头。他们也安排了对其他学员的采访，在这些采访中，王子被描述成一个"普通的家伙"。与威廉同在布兰尼姆排的二十四岁的初级军官安吉拉·莱科克说到了他如何与其他学员打成一片。她说："说实话，我真的没有感觉有什么不同。第一次负重行军时，我们绕了点圈子以避开摄影师。他只是个普通的家伙，像其他人一样陷入困境。"在描述威廉如何与其他学员一起训练时，她说："在防暴训练中，他和我们一样抓着土豆高高地扔向穿防护服的人。"

当然，他根本不是"普通的家伙"，他的女友也绝非"普通"的女孩。全国的报刊焦点不在王室成员身上，而是集中于凯特。他们似乎找到了他们的新王妃。当晚，她和威廉参加了桑赫斯特的传统毕业舞会，就像当年早些时候哈里和雀希那样。当他们喝着香槟欢庆时，一切都表现得相当完美。《每日邮报》将当时的气氛极好地总结为一句标题"在威廉的重大日子里，凯特也合格了"。《星期日时报》更进一步，于几周后刊发了一篇关于凯特的题为"将要成为王后的女孩"的文章。

一方面，威廉和凯特之事似乎已是铁板钉钉；另一方面，他的毕业检阅之日也是媒体焦点开始转换之时。媒体的目光从凯特与王室家庭之间转向了凯特和她自己的家庭，这或许是必然的。无论所谓等级和出身与现代观念多么格格不入，却注定要被提及，尤其是牵涉到王位和国家问题时。于是，温柔而犀利的抨击开始了。

据观察，卡罗尔·米德尔顿在观看有可能成为未来女婿的阅兵式时嚼着口香糖。资深王室评论员詹姆斯·怀铁克认为这很"正常"。另一些人则指出，事实上，卡罗尔是在试图避免吸烟，她可能是在嚼含尼古丁的口香糖，因此她应该得到表扬，而不是因社交细节上的失误而受到批评。也有些人认为关于这个问题的讨论着实滑稽、肤浅。毕竟，威廉和凯特深爱着彼此——不是吗？

就在威廉进入桑赫斯特之后几周，报纸援引资深人士的消息说，威廉觉得自己必须做出决定。"在王子与他的私人秘书杰米·劳瑟-平克顿及其他重要助手的坦诚讨论中，"消息说，"威廉设想了两种'理想'场景：在新年时宣布订婚消息，或者在多塞特文顿营的皇家骑兵团服役期间与凯特冷淡下来。"这似乎是在证实某种预言或对凯特发出警告，并无疑迫使凯特母女的心贴得更近。当威廉没有参加米德尔顿家 12 月的家庭聚会时，凯特心头一定渗进了一丝寒意，或许他对她并不像她想象的那么认真，又或许事实上正如他一度表现出来的那样。也许是他临阵退缩。也许凯特的心要碎了。

卡罗尔·米德尔顿是个精明务实的女人，她意识到自己必须和深爱的长女进行一次艰难的长谈。卡罗尔不想被任何人愚弄。她老于世故，在作为空姐的职业生涯中走南闯北。因此，她一看见苗头就明确告诉凯特，如果威廉不想做出承诺，那么她无限期地一味迁就这种关系是不明智的。卡罗尔和女儿的关系始终很密切。此后，有很多关于卡罗尔的"社交野心"的说法，暗示说她在凯特问题上的做法源于她攀附上流社会的强烈欲望。这么说不公平。没有哪个母亲希望看见自己的女儿轻信他人，得不到应有的尊重和对待。毕竟，凯特是个聪明的女孩，她因威廉的缘故，出于维系二人间关系的愿望而耽搁了自己的生活。

凯特从周一到周四作为饰品采购员为 Jigsaw 时装店工作，这家位于丘园商业街上的店铺由他们家的老朋友约翰和百丽·罗宾逊经营。这项工作没有什么难度，凯特之所以选择它主要在于可以自由地去附近的多塞特军营看望男友。2006 年到 2007 年之交，凯特和威廉之间想必有过一段艰难的谈判，双方都为彼此的恋情之意义以及将向何方发展而不安。然而，他们已经经历过这样坎坷的历程，且总是能从破裂的边缘化险为夷。他们仍然彼此相爱，尽管威廉在给出承诺的问题上有所保留，但他不想失去凯特。她对他太珍贵了。他们共同走过，他们相互理解。他需要她。

至少在年初，这些私下里的秘密并没有令媒体灰心，每个人都期望着完美的结局。猜测愈演愈烈，关于很快会订婚的传言令凯特的公寓外围满了狗仔队。2007 年 1 月 9 日，凯特二十五岁生日之际，事态达到白热化。当天早晨，当她出门取车准备上班时，五十多名狗仔队员和摄像师在她切尔西公寓门外摆好了阵式。这个生日惊喜令凯特措手不及。她尽力以招牌式的微笑回应。"凯特崇拜"从未如此明显，头一次，她从"邻家女孩"一跃而成商业潮流的引领者。她当天穿的 Topshop 时装在几天内就销售一空，足以证明她有大批拥趸。公寓外的一幕促使威廉对女友遭遇的"困扰"表示关切，他担心她和已故母亲一样被迫忍受媒体的压力。他发表了一份声明说"迫切"希望她能不受干扰。凯特的家人已聘请哈伯特和刘易斯法律事务所对英国本土和海外媒体的行为加以约束。然而，眼下聚集在凯特家门外的不仅仅是自由记者，也有来自各家报刊和诸如联合通讯社、英国报业协会等机构的代表，此外，还有包括为 ITV（英国独立电视台）和 Channel 4（第四频道）提供新闻快报的 ITN（英国独立电视新闻社）团队在内的至少五家电视台工作人员。BBC（英国广播公司）虽然没有派出摄制团队，但使用了由 APTN（美联环球电视新闻）提供的画面。天空新闻也在快报中使用了这些镜头。此事引起了王宫方面的注意。凯特的律师与英国报刊投诉委员会密切协作，几乎打算以她的名义发表一份正式声明。有消息说，他们希望使用"劝说"的方式保护她，而非诉诸法律行动。凯特与威廉的母亲所面临的处境的相似之处显而易见。

凯特生日当天的可怕情景促使前王妃的助理们一致表达了不满，并呼吁采取行动。我的好友，戴安娜王妃的前保镖肯·华尔夫丝毫不怀疑，大量的跟踪拍摄照片以及那些毫无底线的行为将她置于成为戴安娜式悲剧受害者的危险境地。他当时说："历史似乎在重演，尽管他们说已经从戴安娜的离去中得到了教训。在我看来，人们还没注意到警告。"他说当务之急是查尔斯王子聘用正式的王室安保人员保护凯特，直到她和威廉订婚，获得伦敦警察厅的全天候保护。在他们短期分手之后，他曾致信卡罗尔，提出在人们的狂热平息之前可以向凯特提供保护。戴安娜的前私人秘书帕特里克·杰夫森回应了华尔夫的观点："我认为任何有理智的人都会被米德尔顿小姐所经历的情况吓着。我认为尝试使用法律、监督和非正式手段对付这些情况会有所助益。没什么比切切实实的适当控制更有效。这是从戴安娜的经历——包括她的死亡——中得到的教训。这种级别的切实控制是唯一能在凯特事件上产生效果的方法。"

或许是担心负面影响，新闻国际集团立刻宣布旗下所有出版机构，包括《太阳报》、《泰晤士报》和《国际新闻报》未来不会采用任何狗仔队拍摄的凯特相片。公司高层希望该举动能够讨好克拉伦斯宫的高级幕僚们，或许还能换来日后王室订婚行动的线索。不同寻常的是，克拉伦斯宫查尔斯办公室对该举动进行了评价。一名办公室发言人说："我们高兴地看到新闻国际已经同意停止使用狗仔队的照片。威廉王子最希望的就是狗仔队停止对她的骚扰。"甚至有猜测说凯特的境况被立为反骚扰法的测试案例，以遏制摄影记者的行为，保护她的隐私。

在对该事件的剖析中，许多王室问题评论员站在了凯特一边。隐私和媒体骚扰问题引起了下议院文化、媒体和体育委员会的关注，在 2007 年 3 月 6 日就媒体侵犯隐私问题展开的调查中，媒体人士被传唤作证，其中包括资深王室摄影师亚瑟·爱德华。他为本书提供了照片，并将所得款项捐献给慈善机构，最近还获得终生成就奖。在调查过程中，当爱德华提到威廉告诉他自己有意迎娶凯特时，这位三十年来在精准解读王室故事的细微差异方面首屈一指的专家却遭遇了委员会成员们居高临下的嘲笑。然而一如往常，他是对的。

"她是个独立的公民个体，与威廉王子相爱，我相信某天他们会结婚。我和他谈过这个问题。他明确表示希望结婚，我相信他的话。他们不应该受到骚扰。"他说。此外，他还补充说从凯特的朋友那里得知她受媒体侵扰，摄影师们尾随她购物，甚至跟上公共汽车拍照。当时现场已是一片混乱，当他试图澄清自己对于王子说过在二十八岁前不会结婚的评述时，那些政治记者们已经离开现场，忙着发布他的评述了。

所有这些善意的关注和努力中似乎遗漏了某个东西，这一次，是关注的范围和接受程度。不止我一个人有此想法。那天早晨，当凯特离开公寓时，虽然离男友的军营只有数英里之遥，她看上去却出奇地孤单。是的，威廉已经发表声明，试图保持平衡，阻止新闻界并提醒他们这个女孩对自己很特别。但有人觉得这种"骑士"姿态来得太少、太迟。或许凯特也有这种感觉？

也有人认为凯特神秘莫测，或者说得难听些就是无聊。"她感兴趣的是什么？"一名报社编辑问，"她所做的似乎无非是去健身房、波吉斯或者马赫奇（现下伦敦富有的年轻人最喜欢去的夜总会）。她没有工作。她不去剧院。我们不知道她究竟是什么样的人，我们所能看见的就是肤浅不堪。"

此外，还有一种猜测认为或许凯特正处于转型期。5月，有消息说凯特让人们称她为"凯瑟琳"。新闻界迅速指出："凯瑟琳"比"凯特"这个名字严肃得多。查尔斯王子的通信秘书帕迪·哈维尔森极力否认这些报道。与此同时，撰写了"凯瑟琳的故事"一文的《星期日快报》专栏作家亚当·海利克则坚称自己听说——但不是见到——凯特给她的朋友们发了一份"温和"的电子邮件，说她恢复使用在青少年时期之前的名字。虽然海利克说"这只不过是桩趣闻而已"，但他力挺该故事的真实性。此后不久，另一篇更具负面影响的报道出炉，声称凯特没工作的现状令女王烦恼。报道说女王希望凯特找一份全职工作。事实上，凯特的律师杰拉德·泰瑞尔证实，她已经开始工作：每天早晨从巴克尔伯里出发，驱车前往其父母位于雷丁的派对用品公司整理目录。她还进修了一门课程，学习如何制作电子目录。在当前的形势下，这或许是作为待位王妃的凯特唯一能安心从事的工作。

"天下所有的工作都为她敞开。"我被这样告知。从俄罗斯寡头到顶级时装设计师，所有人都想聘用她。但凯特很清楚，接受那些职位有可能令自己面对利用与威廉的关系牟利的指控，而该指控会毁了她。直到威廉正式确定他们的关系之前，她仍处在一种相当尴尬的境地。她没有正式资格享受由纳税人埋单的王室权益，比方说安保服务，但她或许比一些王室外围成员更多地暴露于公众之中。她没有发言人，也没有官方人士指导她在王室圈子里该如何穿着、如何行事。然而，因为她的男友，她已然成了名人，不得不应对男性带来的各种困难。她主要依赖的救命稻草就是媒体律师杰拉德·泰瑞尔，此人的客户还包括英国模特凯特·莫斯和切尔西足球俱乐部老板罗曼阿布拉·莫维奇。正如凯特在其二十五岁生日之际所说，她每次受到骚扰总是向泰瑞尔求助。他通常迅速回应，致信报社编辑警告他们凯特是"个体"公民，有权利维护个人隐私。

3月间，也就是威廉开始在多塞特训练前后，这对恋人身着传统软呢套装出席了切尔滕纳姆金杯赛。新闻界对他们此次出场不无挖苦，说身着老派服装的他们像极了查尔斯和卡米拉——被戏称为"弗雷德和格拉迪斯"。据说威廉对此颇为不满。几天后，凯特独自去看比赛，这一次她身着暖色调外套和俄罗斯风格的毛帽，看起来年轻时尚了很多。查尔斯王子的朋友维斯堤爵士为查尔斯、卡米拉、卡米拉的子女汤姆和劳拉，以及扎克·古德史密斯和卡米拉的侄子本·艾略特等人设午宴。他们听说凯特也在场，便邀请她前往王室包厢。

与戴安娜不同，凯特似乎从不因面对镜头而慌张。摄影师尼拉·塔纳说："即便是在清晨刚刚离开夜总会，威廉和她的朋友们因通宵痛饮而显得疲惫时，凯特也总是完美无瑕。"她从不放纵自己，喝起酒来很有节制，总是在洗手间仔细补妆之后才出门面对等候她的相机。

7月间，她供职的Jigsaw时装店的老板百丽·罗宾逊接受了一次关于凯特的采访。她说尽管凯特曾经要求"工作要灵活机动，以便保持与一名备受瞩目的男士的关系，并继续她无法主宰的生活"，但她工作起来脚踏实地。这名年长的女性对自己的这名非全职雇员赞赏有加。"午餐时间里，她坐在厨房和每个人交谈，从货车司机到收营员，无一例外。"罗宾逊告诉《伦敦旗帜晚报》的记者，"她不摆架子。许多人说我们是她父母的朋友，但事实上我只见过他们四次。我得说，她令我印象深刻。有几次，停车位附近有电视台人员出没，我们对她说'听着，你想从后门出去吗？'她说，'说实话，只要他们没拍到照片，就会一直缠着我们。所以我干脆就这么出去，让他们拍完照片，我们就能清静了。'"

整个2006年，凯特和威廉都尽力在媒体面前保持低调。他们被跟踪拍照的情形主要发生在度假期间、出入夜总会时或在马球场上。哈里也被拍到过于频繁地出入各种聚会。这些照片开始越来越多地释放出某种负面印象，英国媒体把年轻王子们称为"男孩"，甚至"花花公子"。这叫人难以接受。在不少圈子里，英国王室未来的希望竟然被公然嘲笑为一对为鸡尾酒一掷千金的上流社会活宝。他们名为军人，却将大把时间扔在夜总会里。有趣的是，在日益频繁造访夜总会的庞大王室家族中，最清醒地意识到由此所产生的负面影响的或许恰恰是对媒体相当敏感的凯特。2006年假期，威廉王子和圈中好友盖伊·佩利——常被称为"宫廷小丑"——在凯特的舅舅加里·古德史密斯位于伊比萨的别墅附近骑摩托。凯特严肃地让他们停下来。毕竟，可能有人正在偷看。他们像遭训斥的小学生一样乖乖照办。威廉或许不乐意，但他不会指责她的判断。

　　凯特对自己作为王子女友的角色越发笃定。有了母亲对她的支持，她更加自信。她见到了女王，而女王、查尔斯和卡米拉也喜欢她。哈里——根据一名朋友的说法——则花了较长时间才对她产生好感。凯特以她庄重的着装、合身的外套、珍珠坠饰耳环和自我控制力，与哈里富有的金发津巴布韦女友雀希·戴维形成鲜明对比，后者的穿衣风格则更具挑逗性。雀希从不回避镜头，时常一手举着酒杯，一手拿着香烟。有时候，她看上去好像未经整理的床铺，但有着原始、自然的性感，这一点是凯特所缺乏的。哈里和雀希之间热情如火，但在威廉和凯特之间——至少在公开场合下——却见不到这种热力。

第十二章

王妃新娘

The Princess Bride

有一大群统治者不是好事。让我们拥戴一名统治者，一个国王。

——荷马，《伊利亚特》

2010 年 11 月 16 日，伦敦，圣詹姆斯宫。

紧紧挽住她唯一真爱的男人的胳膊，凯瑟琳·伊丽莎白·米德尔顿尽力保持镇静。伴着一抹灿烂的笑容绽放，她优雅地倚着她的王子——皇家空军上尉威廉·威尔士。他们看上去正如一对热恋中的情侣，彼此心心相印。威廉过去已经接受了无数次采访，但通常是与弟弟哈里王子一起。哈里在镜头前是个天生的演员，总是抢走风头，用连珠妙语嘲笑一本正经的哥哥。

让"男孩们"经历这种场面是王室计划的一部分，以帮助两位王子——英国王位的第二、第三顺位继承人——学习王室生活的准则，了解如何应对日益苛刻的现代媒体。过去，王室成员们不接受采访——伊丽莎白二世女王在位六十年未接受过采访——但新一代别无选择，除非他们打算显得与时代完全脱节。

这一次由威廉领头，温柔地引导未婚妻在无情的英国新闻界面前穿过她生平的第一片雷区。毕竟，这对于凯特是一种全新的经历，但也是她必须习惯的场面。她知道自己的每个微小举动都会被议论，每句言辞都会被播报给全球数百万电视观众，截至目前，他们还只在杂志和报纸上看过她的照片，此刻他们终于首次听到她的声音。她很紧张，有谁会不紧张呢？但她不愿表现出来。毕竟，米德尔顿小姐经历过更严峻的考验。

当天早晨，威廉的父亲查尔斯王子发表的声明已登上全球二十四小时新闻频道的头条。起初是"威尔士王子威廉殿下和凯瑟琳·米德尔顿小姐订立婚约"。接着是"威尔士亲王高兴地宣布威廉王子与凯瑟琳·米德尔顿小姐的婚约"。查尔斯王子的一名前任助理说他在两个儿子眼里是个非常"开明的父亲"。"他很喜欢凯特，但她将不会被要求接受任何形式的'训练'或指导。"

最终，王位第二顺位继承人长达八年的恋爱马拉松终于跑完了。这对二十八岁的英俊情侣的生活将不再如从前那样。

当天正在米德沃鲁普接受飞行训练的哈里王子——这名年轻人与威廉一起经历了残忍命运的磕磕绊绊，尤其是 1997 年其母戴安娜王妃的去世——最先对哥哥的喜讯做出评价："我很高兴哥哥终于把这事儿爆出来了！这意味着我有了个姐姐，我一直想有个姐姐。"

回到伦敦，凯特正试探着迈出她公众生活的第一步。"显然很伤脑筋。"当被问及是否对要嫁入王室感到兴奋或紧张时，她用公立学校的那种英格兰腔承认。她说女王很"热情"，老公公查尔斯王子也同样。现在，戴着戴安娜王妃的十八克拉蓝宝石戒指，她意识到了自己的命运。王室珠宝商杰拉德在这枚戒指的椭圆形蓝宝石周围镶嵌了十四粒小钻石。三十年前，查尔斯王子为这枚订婚戒指花了 28000 英镑，当他把它戴在羞涩的戴安娜·斯宾塞女士手上时，这名年轻的女子告别了花样年华。按照今天的市价，这枚戒指价值约十万英镑。或许在这个经济紧缩的年代送给未婚妻一枚二手戒指是个不错的公关策略，但那却并非威廉的动机。

"这是我母亲的订婚戒指，因此我觉得这么做很温馨，因为显然她不能在场分享我们的兴奋与喜悦，我用这种方式让她身处其中。"他说。此举引发了一些议论，有消极评论指出，这枚戒指命途多舛，象征着坎坷的婚姻与厄运。然而，他们在肯尼亚度假期间，当威廉从包里出乎意料地掏出这枚戒指时，凯特屏住了呼吸。"太美了。我希望我能保管它。它非常非常特别。"威廉用一个简单而极其明确的举动将母亲带回了公众的记忆，带回了二十世纪末她作为全球最著名人物之一时曾为之增色的报纸头版。

2007年凯特和王子公开分手时，她已经饱受了心痛和羞辱。他们此前也有若干次，但在长达八年的过山车式恋爱中，每次分手，爱情的力量都像磁铁一样将他们重新拉回到一起。这名英格兰女士是个敢于嫁入王室的新生代。在她的王室生涯中，在她努力塑造自己的角色和声望时，或许会被拿来与"人民的王妃"相比较，但事实上，她才是真正的"人民的王妃"。她是个中产阶级家庭的女孩，出生、成长在乡村，有着慈爱、坚定、勤勉、志怀高远的父母，他们不倦地工作、赚钱，为三个孩子提供最好的条件。长女凯瑟琳就这么不经意间遇见王子，坠入爱河——故事真的非常简单。现在，她是我们二十一世纪的新王妃，未来将成为我们的王后。此外，她也会成为未来君王的母亲、祖母。

凯特和威廉作为未婚夫妇的首次公开露面就被淹没在一片闪光灯之中。世界各地的媒体精锐摄影师团队被邀请至圣詹姆斯宫大厅，见证他们的正式订婚。他们尽力回答媒体连珠炮似的问题，但几乎被疯狂按动的相机快门弄得筋疲力尽。稍早前，在其父亲的克拉伦斯宫安静的侧室里，尽管也有和缓的提问，气氛却平静得多。威廉和凯特首次正式公开了他们的亲密关系。这对幸福的新人肩并肩坐在一起，第一次共同接受采访。他们花了十五分钟与ITV（英国独立电视台）新闻频道的时政编辑汤姆·布拉德比进行了非正式交谈。王子喜欢这名编辑，并选择他作为发布自己喜讯的渠道，这令BBC（英国广播公司）懊恼不已。威廉和他的未婚妻一边开着玩笑一边轻松地谈论着他们的好消息，并透露他们想组建一个家庭。在过去一千年的历史中，对于王子而言，那意味着承担起延续这个世界上最古老、最显赫的君王室族血脉的使命。此刻，他身边这个身着伊萨品牌孔雀蓝色礼服，美艳惊人的女子就是他要与之共建家庭的人。

求婚的场面着实浪漫，简直如同出自白马王子追求心上人的经典教科书。他的母亲定会为之骄傲，而戴安娜的继祖母芭芭拉·卡特兰夫人正是以贩卖此类浪漫故事为业。威廉在订婚采访时透露："那是在大约三周前在肯尼亚度假时。我们讨论结婚的事已经有一段时间了，所以不算特别大的惊喜。我带她去了肯尼亚的某个优美的地方，向她求婚。"

凯特补充道："当时非常浪漫。真正的浪漫。我真的没有想到。完全惊呆了……非常激动。"

布拉德比问："他当时掏出了戒指？"

她绽放着笑容回答道："是的。"

威廉解释说："在那之前我已经把戒指揣在包里三周了，真的是时刻不敢放手。我去哪里都带着，因为我知道如果弄丢了，麻烦可就大了。因为计划周全，一切进行得很顺利。你一定听说过许多关于求婚然后事情弄砸了的可怕故事。一切都非常非常好，我很高兴她答应了。"

但他为何等了这么久才求婚？"我想给她一个机会，在做出重大决定之前能先反复权衡。我试图从过去的经历中吸取点教训，我只是想给她最好的机会来适应，同时也做好两全考虑。"他说。

威廉的求婚计划的确是大胆且透着狂野的浪漫。他选择在肯尼亚波光粼粼的非洲湖泊边询问此生最为重要的问题。此处距赤道仅五英里之遥，海拔 11500 英尺，宁静的艾丽斯湖远离文明的尘嚣，每年得以一窥其秀美风光的人屈指可数。如绿松石般的水面被葱绿的山岭环抱，远处是白雪覆盖的肯尼亚山。不难看出王子为何选择此处向未来的妻子求婚。

直升机通常降落在艾丽斯湖南侧的卵石河滩上。一旦螺旋桨停止转动，乘客们便置身于无边的寂静中。方圆数英里之内再无他人，唯一的声音来自天籁——偶尔经过的飞鸟或鱼类、青蛙溅起的水花。湖面上漂着极不寻常的浮石——一种来自于火山喷发的轻质黑色石头。在炽热的蓝天下，沐浴着清新的山风，威廉和凯特用借来的飞蝇钓竿在卵石河滩上钓鱼，王子就在此刻鼓起勇气邀请她携手步入婚姻殿堂。

大多数去过艾丽斯湖的人都会爱上那里的景致，宁静摄人心魄。这个独特的地方好似从未有人涉足，为抵达此处所付出的代价也使其有难以接近之感。全然与世隔绝，全然罗曼蒂克。威廉花了数周时间来计划此次肯尼亚之旅。他们下榻之处是一间小木屋。由于没有直达航班，从最近的机场到达艾丽斯湖边至少需要四个小时——先是二十英里只有四驱越野车才能通过的泥泞土路，之后是两小时的艰难徒步登山。

但王子决定要范儿十足，揣着他母亲的蓝宝石订婚戒指乘坐专属包机而来。

正如凯特所言，这是真正的浪漫。

艾丽斯湖坐落于休眠火山口之上，四周环绕的山脊阻挡了高海拔的刺骨寒风。非洲第二高山肯尼亚山在不远处拔地而起，这座雪山以其难以攀登而闻名于世。艾丽斯湖于 1935 年由英国探险家肯尼思·甘德-道尔正式发现。威廉得到了世交好友伊恩·克雷格的协助，他们假期的大部分时间便是在他的休闲草场中度过的，他还为这对恋人安排了直升机。僻静的肯尼亚小屋的员工透露了王子求婚之前几天这对情侣的浪漫生活，威廉求婚的细节也随之浮出水面。

在这所与世隔绝的圆形木屋里工作的员工说，当威廉携他未来的妻子抵达时——也就是威廉向凯特求婚前几小时——他们不知道自己接待的是王位继承人。这所坐落于肯尼亚山脉中的幽静旅馆距艾丽斯湖约三英里，只有两间简易木屋，由三名本地人照料，负责为客人提供所需的一切。

但这对王室恋人的要求并不高。威廉和凯特实际上没提出任何要求，他们享受着回归基本需求的状态，未来的国王亲自下厨烹制简易晚餐。旅馆的一名员工，二十八岁的杰克逊·缇木泰说，这对恋人的唯一要求就是乘坐一条摇摇晃晃的小船去钓鳟鱼。他补充说，10 月 20 日下午 3 点左右，当威廉和凯特乘坐租来的丰田巡洋舰到达时，员工们以为他们只是普通的青年情侣。王子穿着休闲衬衫和卡其裤，凯特穿着夏裙。缇木泰回忆道："他们沿着路过来，跳出越野车。男的自我介绍说，'嗨，我是威廉。'女的微笑着说她的名字是凯特。我们把他们的行李拿进木屋——行李是通过一条特殊索道运过峡谷的。然后我们带他们参观了这地方。我们不知道他们是谁，他们也没有表现出任何特殊迹象。"

他又补充道："我们这里一个月才会得到一次补给，所以所有的客人必须自带食物和饮料。威廉和凯特带了一箱子东西放在厨房。"

这名员工说，这对王室情侣先花了几分钟在丛林中的卢坦度小屋里休整。小屋配备了简单而舒适的家具，起居室和卧室的抛光木地板铺着蓬松的地毯，洗手间里有大浴缸和坐便器，污水则流入化粪池。登记入住的客人利用一间与木屋相连的小厨房自己做饭。大部分食物可以用两只简易煤气灶加工，食材则保存在一只传统"冰箱"——由几片木板做成的室外橱柜里。

小屋俯瞰优美的卢坦度湖——另一个盛产鳟鱼的高山湖泊。三十岁的卢坦度员工考斯莫斯·凯坎说，威廉和凯特之后兴致勃勃地去湖中钓鱼。他们从一只陈旧的木船上挥出鱼竿，立刻将身份、排场之类的念头抛到了九霄云外。

他说："他们一到这儿就说想钓鱼，因此等他们安顿下来后，我们带他们去湖边。这是个很大的湖，有不少鳟鱼，有的重达四磅，大部分客人都想抓一些当作晚餐。我们每天只允许捉两条来吃，其余的则被扔回湖里。"

"有些人在埠头或湖岸上钓鱼，但威廉急着要坐船出去，于是杰克逊和我划船把他们送到湖中央。船很小，但是挺好用。"

"他们坐在后排，面对湖水，这样便于挥竿。我们在前排替他们划桨。他们玩得很开心。这儿只允许使用飞蝇钓法，他花了些时间教她。有时候她挥竿的方式不对，他帮她纠正。你能看得出他们非常亲密，在一起很快乐。她不停地看他，微笑着，他也很高兴。"他补充说。

这对情侣在湖上待了约一个小时，最终两手空空回到岸边。缇木泰继续说："真可惜，他们什么都没钓到。直到我们一小时后向岸边折返时也没有一条鱼咬钩，不过有时候就是这样。我们告诉他们在卢坦度湖钓鱼可不容易，他们笑了。之后他们回到小屋休息。"

尽管山风刺骨，电力匮乏，但小屋的工作人员深谙如何在夜晚帮助客人保暖。每天日落时分，他们就开始行动，在屋外蓄水池下方生起火煮热水，燃起油灯让小屋沐浴在浪漫的光线中。

"我们总为客人准备热水，并在室内点上两盏灯，一个在客厅，一个在卧室。"缇木泰说，"这里只有煤油防风灯，不过客人们似乎挺喜欢。虽然我们不供应饭食，但总是为客人提供帮助。"

夜幕降临，威廉和凯特洗了个热水澡，依偎在屋前的熊熊篝火边。王子做了一顿简易晚餐，他们就着木屋提供的灰白色盘子和生锈的旧刀叉把食物塞进肚子。员工说他们甚至没喝酒，而是用工人们给他们预备在保温瓶里的热水泡了茶，小口小口地啜饮。

"他很享受烹饪。"缇木泰说，"他们自带了粮食，尽管我们没见着。我们通常让客人们把脏盘子和垃圾留在水池里，由我们来清理，但他们几乎都收拾好了。有时候我们也会看见很多空葡萄酒和啤酒瓶，但没发现任何他们俩喝酒的迹象。我们认为他们只是喝着我们准备的茶，在火堆边放松。"

之后，这对情侣进了卧室。卧室里有一张简朴的木制四腿床，并排还摆着一套双层床，是为有孩子的家庭准备的。夜晚，木屋被包裹在无边的宁静中，偶尔有扑棱的夜鸟或游荡的野牛、羚羊打破寂静。位于肯尼亚山国家公园中心的卢坦度由三名常驻护林员守护，他们监视着入侵者和偷猎者，如有需要便通过电台联系配备武装的工作人员。此处的清幽不会受到打扰，最近的移动信号得穿过树丛步行大约三十分钟到达一处突起的岩石才能接收到。但在夜晚，附近有致命的野生动物出没，游客被警告不要试图外出冒险，最好乖乖地待在小屋里。

次日清晨，威廉和凯特沐浴着非洲的阳光，王子亲手在露台准备了简易早餐。员工说在他们离开前，他们再次带他们去钓鱼。而后，上午十点退房。

工作人员说："他们显然度过了一段相当美妙的时光，烧了很多木柴。我们再次把他们带到湖边，接着他们就离开了。威廉说他们醒来时听见有人敲窗户，他拉开窗帘想看看是谁，结果是只织工鸟在啄玻璃。这种鸟的羽毛是鲜黄色的，经常来拜访游客。威廉说，之后，它绕到另一侧窗户继续啄。这对恋人非常健谈，很友好。他拿天气开玩笑，因为他说他以前来过这里，当时着凉了。尽管这儿通常阳光灿烂，但海拔高，的确挺冷，尤其是晚上。这次他说他带了两件毛衣，她也准备了些晚间穿的衣服。"

工作人员直到后来才发觉这对特殊的客人是谁，大为惊讶。卢坦度之旅是王子计划的勒瓦野生公园附近的若干个远足行程之一，他在进大学遇见凯特之前的间隔年中曾在这里工作了一个月。这片面积55000英亩的保护区中栖息着包括狮子、长颈鹿、斑马和羚羊在内的数十种野生动物，据说保护区的主人伊恩·克雷格将王室情侣接至自己设于园区的私人别墅中。威廉和凯特也在童话般的斯瑞考伊客栈住了几天，共度浪漫的原野帐篷之夜。当地人对于王子选择在肯尼亚向未来的王妃做出承诺之举津津乐道。在勒瓦保护区的一个手工艺品作坊工作的二十三岁的戴维·卡茂说，当威廉来为他们的圣诞树购买当地手工装饰品时，自己开心极了。

他说："他们来肯尼亚订婚，这让我们每个人都很高兴。有王子和王妃驾到感觉很奇妙。威廉来我的铺子时我看到他了。他问了我们的年龄，然后买了一些工艺品。我们得知他们在我们这里订婚，这太棒了——更棒的是，我们的工艺品会挂在他们的圣诞树上。"

结束了郊野木屋的浪漫之旅后，他们俩都在访客留言录上留言。凯特写道："我度过了美妙的二十四小时。可惜的是一条鱼都没钓到，不过尝试的过程也很有趣。我爱这里温暖的篝火和烛光——多么浪漫！希望不久能够重返。"威廉的标着 2010 年 10 月 20—21 日的记录写道："故地重游太棒了！这次多带了衣服！服务周到。谢谢，伙计们！期待下一次，我希望很快。"他的签名是威廉，她签的是凯瑟琳·米德尔顿。当然，现在她加入了温莎家族，有了新名字和头衔。

接下来，这对情侣想方设法保守秘密。甚至女王也被蒙在鼓里两周有余。"我们就像鸭子，"威廉说，"表面上非常平静，脚掌却在水下搅动。我们已经谈论了很长时间，非常兴奋，因此能把这消息告诉每个人实在太好了，我们也真正松了口气。尤其是之前的两三周，要想不告诉任何人，把秘密守在我俩之间是很困难的。我左右为难，想先问凯特的父亲，但他或许会拒绝。因此我想，如果我先问凯特，那么他就不得不同意了。"

当威廉和凯特兴奋地计划着未来时，他甚至对女王也没透露这个重大消息。他决定要按自己的方式行事，在室外求婚。这也让我们得以想见，当威廉成为国王时，他将怎样带领焕然一新的温莎家族。一名资深王室工作人员告诉我："他直到最后一刻才告知他的家人，因为他知道一旦提到官方层面，他就有失去控制权的危险。威廉与凯瑟琳的结婚之日注定不仅属于他们自己，也将是个公众的庆典。"

"他知道这是个公众事件，但也是属于他们私人的特别时刻，他们希望负责相关事宜的大臣们不要忘了这一点。"

在好友哈利·米德的婚礼上，这对幸福的情侣面对镜头笑容满面。当他们大大方方当着大群等候着的摄影师的面走过教堂时，已然秘密订婚了。当然，那时凯特没有戴着戴安娜王妃的蓝宝石订婚戒指。

一周后，也就是 10 月 30 日，威廉邀请凯特的父母前往女王位于苏格兰高地的巴尔莫勒尔领地的伯克霍尔别墅。正是在那里，在女王母亲最钟爱的王室世外桃源，已经得到了未婚妻应允的威廉请求凯特的父亲迈克尔将女儿嫁给自己。他们打算在通知其他家人之后于周三，即 11 月 3 日对外公布。仅仅四天之后，即 2010 年 11 月 7 日，我在《世界新闻》上刊发了一篇文章报道该故事。该文题为"明年夏天我们结婚"，副标题是"王室婚约于圣诞节宣布"。文章开头再清楚不过地写道："《世界新闻》推测，威廉王子和他耐心的女友凯特·米德尔顿将在圣诞节前宣布订婚。"九天之后发生的事证明我是对的。过去，婚礼的日期和地点通常会同时宣布。但此次，按照典型的威廉作风，他希望用自己的方式来处理。

一方面，王宫官员们拒绝证实这一消息，他们此时仍未被告知相关安排。然而另一方面，幸福的故事也会有不幸的插曲，凯特九十岁高龄的曾祖父彼得于 11 月 2 日在汉普夏郡弗汉姆登镇的家中去世。凯特和家人为他的离去悲痛不已，所有的关注点都从她的喜事转移到 11 月 12 日的葬礼筹备中。一名他们身边的人说："在此节骨眼上，我们并不清楚（凯特的父亲）迈克尔是否已经将消息告诉了（她母亲）卡罗尔，因为威廉和凯特让他们什么都别说。"凯特本人承认，有那么一阵子甚至她自己也不知道母亲是否已知晓。"我们处在相当尴尬的境地，因为我知道威廉已经问过我父亲，但我不知道母亲是否知道。"于是，在巴尔莫勒尔领地拍照之后，她从苏格兰返回家中。卡罗尔没有明确告诉女儿自己是否知晓此事。

接着，威廉进行了消息宣布前的最后一次单独出访。11月15日，星期一，他返回英国，当晚通过电话将好消息告诉了女王。她欣喜不已。查尔斯王子也很高兴，尽管他评论说儿子和未来的儿媳"练习了那么久"正是他受情感限制的典型例子。同时他还说，他希望当自己终于出乎意料地当上国王时，妻子康沃尔公爵夫人能成为王后，这也暗示了他与儿子之间未来可能出现的某种紧张关系。

2010年11月23日，我参加了在圣詹姆斯宫举行的新闻发布会，会上宣布婚礼将于2011年4月29日星期五在威斯敏斯特教堂举行。他们强调，婚礼的费用将由王室和米德尔顿家共同承担。他们说，这是根据1981年威尔士亲王和王妃以及1947年伊丽莎白公主和菲利普亲王开创的先例。英国特种空勤团的前军官、如今的王宫幕僚杰米·劳瑟-平克顿透露，这将是一次"经典"王室婚礼，其场面之华丽宏大将不负全世界的期待。他说婚礼事宜的安排尽在这对"欣喜若狂"的未婚夫妇掌握之中。他们希望这场婚礼虽在英国教会的最高圣殿——皇家教堂威斯敏斯特举行，但仍属于他们自己。他们希望所有人都能喜欢这一天，并赞成首相戴维·卡梅伦的提议，将这一天作为公共假期，以便每个人都能参加庆祝。"这是属于他们的日子，"杰米说，"由他们发号施令。"

第十三章

另一个阶层

A Class Apart

作为王妃并非如人们吹捧的那样。

——威尔士王妃戴安娜(1961—1997)

　　他是拥有大量财富、古老门第和令人垂涎的王室头衔的王子，一度被视为全世界最炙手可热的单身汉。她是美丽的家世平平的中产阶级英国女子，如今一跃而入全球名人之列并开始承担王室职责。无疑，他们将一起成为这一代人中最耀眼的搭档之一，无论走到哪里都会被立刻认出。威尔士王子威廉·亚瑟·菲利普·路易和凯瑟琳·伊丽莎白·米德尔顿的婚姻也因而成为这个现代君主国中最重要的历史时刻。

　　这一结合违反了传统，王位直系继承人选择了他的社会等级之外的普通人为妻。这是一个源于爱情的婚姻，不像那些旧式英国王子们为王朝或外交因素所迫。凯特甚至连贵族都不是，这不同于威廉已故的母亲威尔士王妃戴安娜——上一个与王位直系继承人结婚的布衣女子。至少，当后者在圣保罗大教堂成婚时，她的称呼是戴安娜·斯宾塞小姐。

　　威廉选择平民新娘标志着一个清晰的意图，即他继承王位之后要自己做主。他会按照自己的方式统治，他不会成为"摆设"，而是要比前辈们更多地参与政治生活。他希望亲自动手，凯特也是。他们身边的人断定这一对将超越其他王室夫妻，成为现代君主制的典型代表，而他们的做法将会使日益壮大的、要求以民主替代君主、用选举来结束君主制的共和派闭嘴。

尽管威廉和凯特享有特权，但他们确实代表着这一代人。只有时间能证明威廉能否践行自己二十七岁时做出的声明，尤其是当他被自身所扮演的角色完全吞没之后。许多人认为，作为夫妻，威廉和凯特有能力、有智慧、有意愿将王室带入 21 世纪。大臣们希望他们的青春活力、迷人相貌以及经历能令民众感到更加贴近。民众为王室的特权和生活方式埋单，因此他们有权期待付出的金钱物有所值。批评者始终存在，但有威廉在位、凯特作陪，这个古老的、世袭的机构或许仍旧能够在崭新的英国社会中找到一席之地。

与其母戴安娜王妃一样，威廉能够顺应新的、更苛刻的一代的国民期望，有着成为领航者的胸襟与天生魅力。如果你愿意，可以说他是"人民的王子"。意识到这一点，就不难理解他的新娘选择既意义深远又至关重要。如果他娶了一名欧洲公主或贵族，人们必将把他们和他们的孩子视作精英。但和威廉一样，凯特也是一名具有她这一代特点的女性。完美的家世与勃勃生机相结合，这足以令英国民众相信现代君主制是活生生的，这个机构拥有过去，同样也拥有未来。

这就是为何这场婚姻对于英国王室而言是个决定性的时刻。他们在一起会成为全球明星，成为历史长河中最著名的夫妻，跻身查尔斯与戴安娜、约翰·肯尼迪与杰奎琳·肯尼迪以及如今的奥巴马夫妇之列。他们作为夫妻的正式亮相立刻给王室家庭注入了更年轻、更新鲜、更亲民的气息。来日，威廉将作为国王实施统治，而凯特将作为王后陪伴在他身边。威廉和凯特的结合，或许是自 1981 年查尔斯和戴安娜婚礼当天在白金汉宫阳台一吻以来，英国君主制头一次以正面形象重返全球媒体视野。

在英国历史上，待位君主与平民的婚姻仅有一例，而那一次的情形与现在迥然不同。当时正处于宗教社会动荡期，天主教和新教的关系紧张。1659 年，英国处于内战和后克伦威尔时期，王室成员仍在流亡，约克公爵詹姆斯在荷兰布雷达秘密结婚。詹姆士的哥哥，即查理二世，坚持让任性而意志薄弱的弟弟与安妮按照英国仪式成婚，他认为她坚强的个性会给弟弟带来正面影响。这名布衣女子后来成为两名女王的母亲，在历史上留下浓重一笔。

20 世纪，后来成为王太后的苏格兰贵族小姐伊丽莎白·鲍斯-莱昂严格说来也出身布衣。1921 年，她嫁给了约克公爵阿尔伯特王子，后来的乔治六世国王。当时她丈夫的长兄威尔士亲王，也就是后来的温莎公爵，是乔治五世的继承人。

承前启后，威廉和凯特的爱情因而也显得意义深远。谢天谢地，在这桩王室婚姻中，爱情与王室责任终于真正结合了。这桩始于一次偶然相遇的现代婚姻显示出王室已经取得长足进步。这个笨重的机构似乎终于准备好迎接真正的变革。

迫于无奈的王室婚姻时代已经过去，民众认可王子们为爱情而养情妇的时代也已经过去。上一任威廉国王，1830 年登基的威廉四世与演员多萝西亚·乔丹共同生活了二十年，她为他生了十个孩子，全都姓菲茨克拉伦斯。

世道变了，即便是王室也在变。威廉和凯特的婚姻是真正意义上的现代自由婚恋——有趣的是，这一变化始自其祖母。女王十几岁时与菲利普·蒙巴顿(他真正的姓氏是个日耳曼姓，石勒苏益格-荷尔斯泰因-索恩德堡-格吕克斯堡)一见钟情。几乎从那一刻起，伊丽莎白公主就决定要嫁给他。当然，他是维多利亚女王的玄孙，蒙巴顿勋爵的外甥，这一点也帮了大忙。

　　然而，威廉和凯特来自截然不同的身世背景。凯特是个出身工薪阶层中产阶级家庭的女子，离王室新娘相差十万八千里，这样的事情，威廉的高祖父乔治五世绝不会相信。他会允许自己的玄孙迎娶一个平民女子吗？我表示怀疑。

　　同样，如果凯特和威廉早出生几个世代——当然，她得有个头衔——他们的恋爱长跑也不会发生，而会被早早打上婚姻的烙印。而如今，他们在相处期内得到了相对的自由，可以在做出婚姻承诺之前体验恋爱关系。

　　置于英国王室家族多彩而卓绝的背景之下，凯特的优势显得非常特别。凯特显然拥有在这个残酷的王室世界中生存所必需的媒体嗅觉和天生的优雅气质，在这里，她的每一次公开亮相和部分私人行为都将被镜头捕捉。

　　一旦确信凯特和威廉的关系尽管有过公开隔阂，却具备长久发展所必要的稳定力，谱系学家们就开始深入挖掘，热切地追溯她的家族历史，希望找到可与威廉的王室血脉作为对照的线索。他们的发现颇为有趣。1819 年，当威廉王子的杰出祖先，维多利亚女王在肯辛顿宫出生时，一个名叫詹姆斯·哈里森的年轻人在英格兰北部达勒姆郡的一个煤矿中迈出了忐忑不安的第一步。在接下来的一百二十年中，哈里森和他的儿孙们每日面对着地下的危险，勤勤恳恳为国服务。他来自草根，来自脚踏实地的工薪阶层，与当时英国君主熠熠生辉的宫廷生活截然相反。然而哈里森的血脉强健。现在，他出生两个多世纪之后，这名矿工的后代成为了未来国王的新婚妻子。

　　凯特的亲属也可以追溯到文学界。她是已故儿童作家碧翠丝·波特的远房表妹，与《燕子与鹦鹉》的作者亚瑟·兰塞姆也多少沾亲带故。兰塞姆的姐妹乔伊丝嫁嫁给了凯特曾祖母奥利弗的表兄弟雨果·路普顿。

诚然，凯特优雅、老练，从各方面而言都适合与威廉成婚，但她给王室注入的生机勃勃的血液才是她能够真正配得上"人民的王妃"这个称号的原因。她的家族史是个积极进取的故事，是个关于一个家庭从贫穷、默默无闻走向英国王冠之路的故事。

威廉由坎特伯雷大主教罗伯特·朗瑟博士命名，在宫廷中长大，在顶级预科学校和伊顿公学接受教育。凯特的童年与所受教育则截然不同，她有着传统的中产阶级家庭背景，家境富足，接受私人教育。然而，若我们深入挖掘，就可以发现她的家族像很多家族一样，祖上多多少少有些不光彩的事。当然，前人的错不能怪罪到她身上。毕竟，你可以选择朋友，却无法选择家庭。凯特的一个祖先有犯罪记录；而另一个有污点的家族成员则与她的关系更近。2009 年，时年四十九岁的千万富翁加里·戈德史密斯，也就是凯特的舅舅，因性与毒品丑闻被《世界新闻报》曝光，令家族蒙羞，其间他还吹嘘自己的外甥女与王室的关系。

可以公平地说，根据她的祖先和家族史，根本无法想象凯特的一生会有如此非凡的轨迹。威尔士王子——威廉那个在维多利亚时代出生的祖先，因奢侈无度、寻欢作乐而惹怒了其母维多利亚女王。他反感君主制，于 1891 年打破传统成为第一个作为证人出庭的英国王室成员。那件案子由他的朋友威廉·戈顿-卡明而起，此人在玩爱德华最中意的非法赌博游戏巴卡拉纸牌时被发觉作弊。此前十年，根据 1881 年的人口普查记录，凯特的曾曾曾祖父，另一个时年五十五岁的爱德华——爱德华·托马斯·格拉斯波罗——则在伦敦霍洛威监狱做苦力。

当年的监狱记录并没有留存至今，因此我们无法得知这个拥有保险公司信差工作的七个孩子的父亲为何最终锒铛入狱。当年，霍洛威监狱关押的是老贝利街刑事法庭或市政厅法庭宣判的性犯罪人员。人口普查时，住在伦敦东区哈克尼的格拉斯波罗是 436 名在押囚犯之一。凯特的祖上于何时被释放如今不得而知，但当他的三子弗雷德里克——也就是凯特的高祖父——于 1886 年 6 月 1 日结婚时，他已经获得自由。当时爱德华称自己为一个"自食其力的绅士"，这对于一名曾经的犯人而言是个了不起的转变。1898 年，格拉斯保罗死于七十二岁时，当时弗雷德里克陪伴在他身边。据记录，死因是慢性风湿引发的中风。

弗雷德里克的长子也叫弗雷德里克，在第一次世界大战时应征入伍，与成千上万的同龄人一起在比利时前线对匈牙利人作战。战争结束后，他成为伦敦和威斯敏斯特银行的一名经理，并与一名叫康斯坦丝·罗宾逊的年轻女子结了婚。由于弗雷德里克的工作需要，这对夫妻周游了欧洲。凯特的祖母瓦莱丽和她的双胞胎妹妹玛莉出生在马赛。1942 年，第二次世界大战烽火正盛，这家人返回英国，弗雷德里克调任利兹的威斯敏斯特银行经理。瓦莱丽最终嫁给了一名富有的约克郡律师之子彼得·米德尔顿，第二次世界大战中他在皇家空军服役，复员后当了民用飞机飞行员，再之后成了飞行教练。

凯特的父亲迈克尔·弗朗西斯·米德尔顿于 1949 年 6 月 23 日出生在北利兹的洽坡爱伦顿护理院。彼得和妻子瓦莱丽·格拉斯波罗的家位于西约克郡富人区的国王小道。他和比他年长两岁的哥哥在伊卡普湖畔长大，那儿距海丁利、摩尔镇和摩尔滩高尔夫俱乐部仅几步之遥。凯特的父亲迈克尔·米德尔顿后来娶了迷人的空姐卡罗尔·戈德史密斯，即凯特的母亲。

卡罗尔·米德尔顿家族的历史也颇值得玩味。与丈夫不同，卡罗尔是地道的工薪阶层之后。卡罗尔比她的丈夫小六岁，于 1955 年 1 月 31 日出生于伦敦城区以西十英里的佩利威尔妇产医院，是货车司机罗纳德·戈德史密斯和家庭主妇多萝西·哈里森的女儿。当时是欧洲胜利日后十年，年轻的伊丽莎白二世女王在位刚刚三年，英国正从战后的萧条中复苏，国内更加繁荣，战前被等级分化扼杀了愿景的工薪阶层们开始相信可以凭借自己的力量有所收获。大英帝国不再统治全球或引领潮流。许多年轻人以美国为榜样，摇滚乐风靡一时。"变革"是那个时代当之无愧的流行语。

1957 年 7 月，当卡罗尔·米德尔顿还是个婴儿时，首相哈罗德·麦克米伦在演讲中乐观地将当时弥漫全国的情绪表述为："我们的民众从未这么好。"如同所有的政治家一样，麦克米伦一边绘制着英国经济的美景，一边强调限制工资，警告说通货膨胀是战后国家面临的头等问题。卡罗尔家的房子不大，位于苏豪区达德里路。依照他们的家庭背景，其祖先肯定做梦也没想到有朝一日凯特会成为未来的威尔士王妃，并最终成为王后。

第十四章

第一次出访

The First Tour

我只能说过去这七天的经历超出了我们的期望。

——威廉王子离开加拿大之际

如果她确实感到紧张，那么至少没有表现出来。凯特——现在要称剑桥公爵夫人殿下——或许在王室中还算新手，但扮演起王室大使的角色来好似有天生的禀赋。她的一举手一投足都完美无瑕，在陪同丈夫出访加拿大之旅中没有半点差池。他们是王室的新金童玉女。要想让那些遥远的英联邦国家与他们的君主国长期保持密切联系，他们就必须取得人们的信任。基于这个理念，这对年轻夫妇有一个艰巨任务需要完成——一举拿下加拿大。

加拿大之旅对于王室而言可谓轻车熟路。1939 年，当今王太后——当时还是王后——与国王一起横穿了这个美丽而辽阔的国度。她立刻爱上了那里。那次出访的目的是为了支持大洋彼岸的战事，并重申加拿大作为英国君主领导下的自治领的地位。

在旅途中，一名参加过布尔战争的退伍军人问王后："你是苏格兰人还是英格兰人?"她迅速回答:"我是加拿大人。"上一代"布衣王后"(虽然她祖上系出贵族,但严格说来太后仍可以被称为布衣,因为她没有王室血统)的机智与公关技巧极富传奇色彩,如果凯特想跟上她的步伐,就必须尽快学会这些。

我作为官方记者全程跟随了威廉和凯特的出访。根据我的近距离观察,他们已颇富经验,面对大批兴奋的民众显得沉着老到。在他们抵达前的一次民意调查中,几乎半数加拿大人认为君主制是"旧殖民时代的遗迹,在加拿大已经没有存在的理由"。如果此事不虚,那么威廉与凯特到达时,这一半人肯定都待在了家里。2011年6月30日这天,成千上万的人涌上街头,只为一睹未来国王和王后的风采。人们提前几个小时就在政府大楼、总督府外围成长队,热情地挥舞着加拿大国旗。为了能到现场欢迎王室夫妇,有些人在路途中花费了数小时。

人们的兴奋是显而易见的。就我观察,无论民调结果如何宣称,事实上加拿大人或许比其他英联邦国家更乐于继续保持同王室的亲密关系。十三岁的维多利亚·多尔蒂和奥莉维亚·戴尔与十四岁的杰丝明·斯塔克斯随她们的家人从安大略省滑铁卢驱车六小时赶来。杰丝明说:"我们爱凯特。她那么亲民,而且很漂亮。他们结婚那天,我们早上四点就起床看电视了。我迫不及待地想知道她穿什么衣服,因为每个人都在谈论。"

来自安大略省哈密尔顿的六十四岁的派特·库克说:"我认为威廉和凯特重新唤起了加拿大对君主制的兴趣。他们看上去深爱着对方,凯特非常自信,在王室中游刃有余。为了占个好位置,我们今早九点就到这儿了。"

就在他们抵达之前,由军人家属和慈善机构工作人员组成的三百名嘉宾到场,仪仗队进行了最后一次彩排。

官方车辆在红地毯前停下,等待着迎接他们的是加拿大总理史蒂芬·

哈珀及其夫人劳琳。当威廉和凯特下车时，约一万名民众高声欢呼。健康而富有活力的凯特看上去对所受到的热情迎接特别欣喜，她腼腆地挥着手。随后，四人肃立在无名战士墓前，一名号手吹奏起"最后的岗位"。威廉肃穆地向纪念碑进献花圈，他妻子则俯身放上了一小束鲜花。她热情地与递花给她的梅贝尔·吉柔阿德女士打招呼，后者因其四十六岁的儿子鲍比死于自杀式袭击者的炸弹而被加拿大军团选为银十字母亲。

王室夫妇离开墓地，开始了此次出访的第一个环节。起先，凯特显得有些担忧，她带着僵硬的笑容在私人保镖杰米·劳瑟-平克顿和安全卫队的保护下与民众互动。但不久，她便令人群陷入兴奋的狂热，威廉引发的尖叫也不亚于她。几分钟后，凯特明显放松下来，融入了自己的角色。她收到了成捧成捧的鲜花和礼物，每次接受礼物时她都会说："非常感谢你。我们很高兴能来这儿。"她不时向另一侧的人群张望，捕捉威廉的目光，似乎在寻求安慰，又或许是为了确保自己保持相同的进度。但毫无疑问，她的表现令人钦佩。威廉则在一名女性告诉他"加拿大人对你的到来感到很高兴"时微笑着回答："谢谢。这真是太亲切了。"

在等待王子的同时，凯特与总理及其夫人攀谈说："太惊人了，这么多民众……你们觉得有多少人？我们今早七点半出发，漫长的一天。"凯特通过了第一次测试，她回到车里，靠在丈夫的肩头露齿而笑。

下一站是乘皇家马车前往国会山。欢呼声平息了几秒钟之后，一名距马车五码远的妇女大声喊道："生日快乐，戴安娜。威廉和凯特，我们爱你们。"这一天是戴安娜王妃诞辰五十周年纪念日。正如她已故的婆婆在选择出访服装时常做的那样，凯特选择了带有加拿大国旗元素的时装以配合加拿大国庆节。

当天，凯特身着一袭优雅的乳白色 Reiss 连衣裙——就是炙手可热的摄影师马里奥·特斯蒂诺替她拍摄官方订婚照时穿的那件——戴一顶由

Lock & Co 的设计师西尔维娅·弗莱彻设计的带有枫叶元素的红帽子，带着对加拿大国庆节的敬意出现在渥太华。她与数百名同样穿戴着国旗色服饰的群众融成一片，与丈夫一起履行着自己的第一项使命：出席国庆庆典。公爵夫人别了一枚枫叶钻石胸针，这是女王为此次出访而借给她的。这枚胸针第一次亮相还是在 1951 年女王访问加拿大之时。正如所有的王室访问一样，前进的步伐永不停止。凯特一度热得出汗，化的妆开始融化。她比划着自己的面颊告诉总理史蒂芬·哈珀的夫人劳琳："我太热了，真是难以置信。"

再下一站是位于加蒂诺的加拿大文明博物馆。在那儿，他们陶醉于一名加拿大笛手演奏的小夜曲，并留言说这令他们回忆起了恋爱时的日子。当时他们正乘坐自动扶梯下到极富魅力的大厅，首席笛手伯达尼·比塞利昂吹奏起高地风笛，曲名是"圣安德鲁斯之恋"。来自苏格兰风笛之子乐队的四十四岁的比塞利昂女士——她也曾为女王演奏过——在演奏结束时说："用此曲献给他们的大学时光正合适——既令人振奋又充满情趣。我在很多次国庆典礼上演奏过，我想这或许是一个纪念他们此行的独特方式。"

之后，威廉和凯特与总督戴维·约翰斯顿及其夫人莎伦登上主席台，二十五名新入籍的公民在家人与朋友们的簇拥下向女王以及"她的后嗣和继任者"宣誓效忠。威廉将一面巨大的国旗交给这些新加拿大人，凯特则发给他们一面手持的小旗。仪式结束后，王室夫妇与他们合影，一名官员告诉王子站错了位置，他转身对站在后排的人谦逊地说了声"对不起"，引来全场欢笑。

王室助理们为凯特精心安排了首次出访的每一站，也确保这对夫妇能够享受一些私人时光。威廉和他的新婚妻子有几个小时可以独处。他划船带她驶过一片美丽的湖泊，在小岛上的一座浪漫木屋里野餐。他们甚至设法支开了伦敦警察厅的保镖，后者将对讲机交给他们，并与之保持适当的距离，以便这对年轻夫妇可以完全不受打扰地在稠密的林地中散步。"他们拿了食物和饮料就消失了。"一名资深消息人士说。哈灵顿湖别墅区内的这片世外桃源邻近米其湖，距首都渥太华约三十五英里，加拿大总理史蒂芬·哈珀在那儿有间私人别墅——他称之为自己的"首相别墅"。威廉和凯特小憩的这间木屋位于加蒂诺公园内，加蒂诺山环绕四周，景色美得令人窒息。小屋建于 20 世纪 20 年代，配备有卧室、卫生间和小厨房，原本属于一名木材业巨头，现在则受到王室青睐，上至女王下至多名加拿大总理都曾在这安静的所在钓鱼、放松。必要的片刻休息之后，这对 4 月份刚刚在全球电视观众见证下成婚的夫妇重又活力焕发。

此后，凯特出席了在渥太华国会山举行的露天流行音乐会。当身着紫色 Issa 连衣裙的她和穿着开领衬衫显得轻松随意的威廉出现时，全场十万名观众兴奋不已。此时的凯特看上去完全一副天生的王室范儿，轻松愉快地在贵宾区就座。加拿大本土家喻户晓的乐队"大海"的歌手阿兰·多伊尔冲着人群高呼："举起手来，看在上帝的份上，王室亲临。"

摄像机镜头移向他们，这对夫妇出现在大屏幕上。现场主持人，CBC（加拿大广播公司）的明星简·戈麦西开玩笑说："我们不得不反复介绍你们，因为我们对你们的到来非常高兴。"

整场音乐会，威廉和凯特显得兴致盎然，一边听着加拿大乐队的演奏一边深情脉脉地交谈着。

到了渥太华之行的最后一站，参观加拿大战争博物馆时，凯特已被加拿大媒体称为"伟大的凯瑟琳"。在总督府亲手植下一棵树之后，他们向无名战士墓表达了敬意。在博物馆内，他们与一百五十名参加了第二次世界大战的老兵及其家人交谈，聆听了那些英勇而伤感的故事，同时也了解了旨在帮助加拿大退伍军人的复原计划。

每到一处，凯特都被拿来与戴安娜王妃相比，尤其是当她前往加拿大最大的妇幼中心，位于蒙特利尔的圣贾斯丁大学医院探望病儿时。不难想见，凯特对这一经历有些不安。在医院癌症区面对重症患儿时，威廉站在她身边，温柔地抚摸着她的背，令她重新鼓起勇气。他们首先在早产婴儿区度过了动情的一小时，而后花了至少二十分钟与六名儿童交流，表达对他们的关心。在医院的娱乐室里，威廉与妻子手挽着手与两岁大的腼腆的亚克·基罗交谈，这一刻尤为动人。

这对夫妇就像威廉已故的母亲那样，坐在小小的儿童椅上，前倾着身子向孩子们提问。十四岁的劳伦丝·叶勒被诊断出患有脑瘤，在可怕的化疗中掉了头发，戴着头巾的她说："凯特真可爱，她花了很长时间和我交谈，比我想象的长得多。她问我正在做的手工艺品，还有我的病情。和她交谈比我想象的要容易，她再普通不过。"

首次出访的脚步依旧匆匆，就好似急行军。王室随行人员也颇有身在军营的感觉。助理们都有军旅背景，英国特种空勤团前少校杰米·劳瑟-平克顿负责整体行程，即便是新闻官米格尔·海德也曾在国防部供职。这就意味着整个团队中缺少能为凯特提供支持的女性。而她的丈夫隶属于皇家空军的近卫军搜救飞行员，有过服役经历。因此，我的感觉是，似乎大家都指望凯特跟得上日程安排，而不会调整行程以迁就她的相对经验不足。她聪明、适应力强，但要想跟上王室步伐也需要耐力。幸好，她有。

7月3日，他们乘坐加拿大护卫舰蒙特利尔号经过一晚航行，从蒙特利尔的圣劳伦斯前往魁北克城。这天一早，威廉和凯特与约两百名水手一起做了周日晨祷。可以想见，这艘舰艇被媒体称为"爱情号"，但事实却没那么浪漫。凯特后来承认，她在那艘军舰上几乎一宿没睡。在坐落于魁北克风景如画的老城中的市政厅前，这对夫妇感受到了这座城市的自由气息，也亲眼见到了此次旅行中的第一批反对王室的示威者。不过示威者人数不多，且被挡在警戒线后。支持王室的人群数量也大大超过他们。

凯特踩着四英寸高的鞋跟摇摇晃晃小心翼翼地走下甲板，与一长队魁北克当地政要见面，其中包括身着传统服饰的休伦-温达特部落大酋长康拉德·西维。他说："凯特对我的帽子很感兴趣，她想知道是用什么羽毛做成的。我告诉她是火鸡毛。我给了威廉一份文件，那是 1760 年我们两国的先人们签订的。这份条约说我们会和平相处，亲如兄弟。"

在魁北克，凯特继接受 ITV（英国独立电视台）记者汤姆·布拉德比的订婚采访之后首次发表了公开讲话，有趣的是，她提到自己在遇见一个"美丽的"小女孩的父亲之后产生了组建家庭的愿望。或许是不远的将来的某种预兆，在与民众交流期间，她从二十八岁的前英国公民戴维·齐特的两岁大的孩子拉菲拉手中接过花束，流露出一丝想生孩子的愿望。这名自豪的父亲祝愿她顺利组建自己的家庭，凯特感谢他说："是的，我希望如此。"

王室夫妇接着前往参观省议会大厦，这里不仅是 1864 年查洛顿会议的召开地，也是加拿大建国思想的诞生地。简短地参观了大楼，即爱德华王子岛的立法机关于 1847 年首次举行会议的地方——事实上直到今天他们依旧在此开会——之后，他们参观了当年查洛顿会议的旧址联邦会议室。在大楼另一侧的立法院里，讲解员凯斯琳·凯西介绍了该建筑的历史。当说到当时只有两名反对者时，威廉开玩笑说他们"表现得不太好"。

威廉在大楼外发表了他此行的首次重要讲话。"对于凯瑟琳和我而言，站在加拿大大西洋省议会大厦前，站在加拿大联邦的诞生地，这是很特别的一刻。"他说，"在这里，在加拿大国家意识的熔炉里，我们期待着结识你们大家。我们俩对这一天都期待已久，希望能在你们美丽的岛屿上有更多的收获。"

之后，他们搭乘直升机抵达美丽的萨默赛德港，那里正在进行一场大型的搜救演习。威廉的加入为演习增添了别样的高潮。现场的背景布置出自凯特童年时代最喜欢的书之一《绿山墙的安妮》，这本书中描写的正是 1870 年发生在该地的故事。当丈夫展示飞行技巧时，凯特待在地面与机长乔希·维兰森攀谈。有一阵子，威廉将直升机悬停在公爵夫人面前——或许是试图给他的新娘留下深刻印象——微微倾斜机身，好让她更好地看清座舱内部，然后飞走。

接着，这对夫妇大显身手，令等待的摄影师们不虚此行，而这一幕也将成为他们未来的王室出访风格之一。他们各自登上一条小艇，加入了在达尔维湖上举行的龙舟竞赛。这就是展现在世人面前的年轻而充满活力的王室新家庭。两人都倾尽全力，威廉是桨手，而他妻子则在另一条船上掌舵。尽管湿淋淋狼狈不堪，王子却显得兴致盎然，他的队伍最终获胜。奥运会雪橇项目金牌得主海瑟·莫伊斯给王子颁发胜利者香槟时给他讲了个笑话。她说，之后王子表示如果他能设法说服他叔叔的话，这个岛应该因他的成就而被命名为威廉王子岛。她补充道："他和凯特都很有竞争意识。作为一名女运动员，如果有人故意让我，我会很恼火。"

正如之前提到的，这是一次快节奏的出访。他们十字穿梭于这片广阔的国土，抵达西北地区人烟稀少的首府耶洛奈夫，在桑巴市民广场受到加拿大甸尼族原住民传统的鼓声迎接。因纽特族和奇佩维安族人也在欢迎的队列中。此后，凯特迅速由正装改成了便装，身着橄榄色修身衬衫、修身牛仔裤，搭配奶白色平底鞋。他们搭乘水上飞机前往布拉奇福德湖，一个位于北方广袤的苔原之边的偏远所在。这就是凯特所投身的非常生活的极佳写照。

7 月 8 日，行程的第九天，威廉和凯特换上全套乡村行头，包括白色宽边牛仔帽、牛仔裤和格子衬衫，在色彩缤纷的卡加利牛仔节上做告别亮相。这是一次辉煌的胜利。威廉赞同道："我只能说过去这七天的经历超出了我们的期望。我们被这个美丽国度的多样化深深震撼，从渥太华到魁北克，从爱德华王子岛到西北领，再到此刻欢腾的卡加利。这些奇妙的白帽子怎么样！"他说，加拿大给他们的惊喜远远超出了他们之前获得的承诺。"我们对加拿大的承诺是，我们还会再来。"

结束了空前成功的加拿大之旅，这对全球最著名的夫妇的下一站对他们来说又是一次全新的体验。他们要前往天使之城、名流之都——洛杉矶。

聚集的人群有如在迎接摇滚明星，伴着近乎歇斯底里的尖叫，威廉和凯特的到来毫无疑问令好莱坞陷入疯狂。这是亿万富豪超级明星聚集的城市，但他们的光彩盖过了所有这些名流。他们的风暴席卷美国。

威廉和凯特与两百名宾客一起在英国驻洛杉矶总领事芭芭拉·海伊的花园里小酌欢宴。来宾中有英格兰足球运动员大卫·贝克汉姆、演员斯蒂芬弗雷，以及肯特郡亲王和王妃迈克尔的儿子弗雷迪·温莎爵士，他和他的妻子演员索菲·温克曼就住在该城。

当时正在洛杉矶银河队效力的贝克汉姆告诉威廉："维多利亚非常想来，但她太累了。她让我转达对你们两人的爱。加拿大如何？看上去很精彩。"

王子回答："别担心，向她转达我们的爱，告诉她祝她一切顺利。过去的几天相当精彩，我们很幸运见到了那么多奇妙的地方，遇到了那么多有趣的当地人。真是神奇，令人惊叹。"

贝克汉姆接着说到媒体对他即将出世的女儿表现出的疯狂。"我周三早上醒来，语音信箱里收到一堆来自朋友们的消息，祝贺我们的女儿出生。我对维多利亚说，'我错过什么了吗？'显然，每天都有报道说她已经出生了。无论如何，上帝保佑，再过几天她就会和我们在一起了。"

威廉饶有兴致地倾听着。贝克汉姆觉得媒体对他孩子们施展的花招简直难以应对。然而等待着威廉和凯特的头生子的媒体风暴将更胜一筹。

英国驻美大使尼格尔·斯恩瓦德爵士说："他们的加拿大之旅取得了空前成功，在加利福尼亚也会大受欢迎。他们将会见各界人士，从政府官员到穷街乐队的乐手。他们会在这里留下生命中的美好回忆。"

　　他说的没错。从召开新闻发布会的洛杉矶比佛利希尔顿酒店，到为其慈善机构募款的慈善马球赛场，他们所到之处尽是近乎疯狂的尖叫。

　　当他们与好莱坞明星演员们并肩出现在 BAFTA（英国电影电视艺术学院）举办的活动现场时，这次周末之旅达到了高潮。当他们踏上红地毯时，防护栏后的人群发出震耳欲聋的欢呼。

　　凯特着一袭由亚历山大·麦昆设计的熏衣草色礼服，惊艳无比，威廉则穿着晚礼服，打着黑领结，英俊潇洒。威廉上台对来宾发表了演讲，他的开场白取自大获成功的电影《国王的演讲》，令观众爆发出笑声。他用微微沙哑的嗓音说："在我开讲之前，要首先感谢柯林·菲尔斯为我准备了完美的开场白——'我的话举足轻重'。"他接着说，"作为 BAFTA 的主席，我对英国人在残酷的全球电影、电视和电子游戏竞争中所取得的成功而深感自豪。他们富于创造性的、高科技含量的作品为我们国家的财富做出了巨大贡献，更不用说为我们带来了个人享受。今晚，我向他们表示祝贺，但我尤其要称赞的是，在他们身后，接踵而至的另一批极有天赋的英国人，你们今晚将有机会见到他们。他们应获得同样的成功，在你们的帮助下，这一愿景一定能够实现。让我们继续这一成功的模式。凯瑟琳和我对今晚这场包含了英国和美国明星阵容的盛会极为期待。感谢你们的光临。我相信奇迹将会到来。现在，就像他们说的：'灯光、镜头、开始'。"

　　威廉走下讲台后，这对王室夫妇首先与詹尼弗·洛佩兹、汤姆·汉克斯及其妻子莉塔·威尔森、芭芭拉·史翠珊交谈。一切都井井有条。晚会的餐点融合了英国传统风味与少许加利福尼亚特色——头菜是浇了柠檬、松子混合酱料的胡瓜和薄荷，点缀着胡瓜花的曼彻格乳酪刨花；接下来是腓力牛排配奶油韭葱、腌渍大蒜、芦笋、芜菁、小洋葱、煎土豆、红酒酱汁；甜点则是英伦特色的混合了玫瑰蛋白霜糖、草莓、奶油、糖渍玫瑰花瓣和糖稀的伊顿麦斯。餐点搭配的葡萄酒是新玛丽酒庄珍藏白索维浓和梅洛赤霞珠。英国著名巧克力品牌 Hotel Chocolate 甚至为每一桌都专门制作了 BAFTA 巧克力面具。

他们大受欢迎。出席了 BAFTA 盛会的好莱坞一线明星妮可·基德曼对威廉和凯特给出了评价。当被问到对这对王室新婚夫妇感觉如何时，她回答说："我觉得他们很可爱。我刚刚给我母亲打了电话，她说'你能去太好了'，因为我们是澳大利亚人。很开心。"的确，这是他们的第一次美国之旅，他们做得非常出色。这对夫妇终于登上英国航空公司的飞机返回伦敦，进入头等舱前还拍了几张照片。他们显然松了口气，任务圆满完成，该好好休息一下。

第十五章

一次"奇怪的"入侵

A 'Grotesque' Intrusion

任何此类刊物的唯一目的只在于进一步毫无理由地打扰剑桥公爵和公爵夫人。

——剑桥公爵和公爵夫人的发言人

身着由爱丽丝·坦波丽设计的冰蓝色花边礼服，挽在脑后的秀发用一枚珍珠发夹固定，凯特优雅地抿着茶，与几名客人聊天，其中包括戴安娜王妃赞赏有加的鞋类设计师吉米·周。在英国驻吉隆坡最高专员公署举行的整个钻禧茶宴过程中，凯特始终设法保持着自如与微笑，然而她的内心却因狗仔队的侮辱行为而异常烦恼。法国杂志 Closer 刊登了她与威廉王子度假时的半裸照。这是一起灾难性的事件，她完全有理由愁容满面，但她不允许自己当着公众的面流下委屈的眼泪。

另外，威廉则显得不那么沉着。他不打算就此善罢甘休。早前，他和凯特与陪同出行新加坡、马来西亚和所罗门群岛的助理们进行了一次闭门讨论。当私人秘书杰米·劳瑟-平克顿报告这一消息时，他们全都惊呆了。消息被立即送往伦敦威尔士王子和女王的办公室。威廉想立即采取行动。他称这些照片是"对隐私的荒唐侵犯",说他和他妻子觉得在"婚姻生活的高度亲密时刻"被"冒犯"了。他根本不打算任由狗仔队像以前追逐其已故母亲那样骚扰他的妻子。

　　他们的钻禧之旅的开场非常顺利。9 月 11 日,夫妇二人抵达新加坡,所到之处受到民众的热烈欢迎。在吉隆坡,凯特又有了一次新的经历——她在马来西亚临终关怀医院沉着地发表了第一次海外演说。在演说中,她强调了姑息疗法在转变患儿生活中的重要性,也宣布了英国东英格利亚儿童关怀医院——凯特是该医院的资助人——与马来西亚临终关怀医院间的合作伙伴关系,赢得了听众热烈的掌声。"在患儿及其家人最需要的时刻为他们提供支持和关心,这对他们而言是生活中的重大变化,"她说,"通过有效的姑息疗法,生活可以被改变。治疗、支持、关怀和建议可以为处于危急关头的家庭提供生命的希望。"可是接下去,瞬间之内,整个旅行的气氛变了。

　　起初他们并不确定该对那名摄影师(据说是来自《普罗旺斯报》的瓦莱丽·苏奥)以及首先刊登这些照片的杂志采取怎样的反击。但有一件事他们可以确定,这些照片是几天前他们在维斯卡特·林利的位于普罗旺斯的奥泰堡别墅度假时被拍摄的。这是对他们的隐私的公然侵害,他们的隐私本应受到合理的保护。咨询了法律团队之后,夫妇二人迈出了大胆的一步,宣布将于 9 月 14 日对这家法国杂志社提起诉讼。对此,凯特能够表现得轻松一些,至少在公开场合中如此,但威廉却依旧相当焦躁,看上去就好像全世界的重担都压在他的肩头。他们在前往东南亚之旅的下一站前观看传统的马来功夫茶表演时,他明显心不在焉。

　　有一些评论员质疑,在法国这样一个将狗仔队偷拍不雅照片视为践行"高雅艺术"的地方袒胸露怀是否明智。但总体而言,人们对该事件持同情态度。离开茶宴之后,这对年轻的夫妻似乎被当天发生的事情弄得筋疲力尽,在去机场的路上垂头丧气。这是他们自好评如潮的结婚典礼以来遇到的第一个重大媒体考验。他们必须采取一种微妙的平衡方式来应对——他们想采取行动，但不希望给海外钻禧之旅的任务蒙上阴影。

我本人当时已先期飞往婆罗洲。后勤部门要求随行媒体必须从简。我在丹侬谷通常为高校研究生准备的木屋床铺上度过了一晚，大清早便起身。我们被告知行程继续按计划推进。到此时为止，半裸照风波已成为人们的热议话题，相比之下，关于他们在此丛林中的行程计划的相关报道则被渐渐淹没。

这片丛林是个神秘的所在。我在暮色中穿过雨林廊桥，带着敬畏之心注视着飞天松鼠——学名为鼯鼠——从一棵树跳到另一棵树。我的同事，摄影师肯·高夫先前拍下了一只与他相距数米擦身而过的成年猩猩。我们像是回到了另一个时代。然而，丛林对记者而言也有不利影响，这里没有通信设备，我无法同步了解半裸照事件的进展。而此时，一场戏剧性的转变即将发生。

当王室夫妇在丹侬谷保护区听取简要汇报时，我们小小的新闻团队也从他们的顾问那里获取了我们自己的简报。他们俩的愤怒我们感同身受。威廉的发言人说，他对隐私和干扰非常在意，如果有必要，他打算对偷窥他妻子的那些人提起刑事诉讼。"这是公爵和哈里王子一贯以来的真诚立场，他们始终想方设法保护自己。他们经常说不介意主流媒体记者完成工作，但他们对侵犯隐私的狗仔队很有意见。"

婆罗洲丛林好似某种象征，契合着他们所陷入的困境。单从他们在公开场合下的表现，没人能够猜到过去的二十四小时给这对王室夫妇带来了怎样的"打击"和"侮辱"。围绕相片引发的丑闻在各处炸开了锅——更多的照片出现在爱尔兰《每日星报》上。这一天，威廉和凯特一边给猩猩拍照、欣赏着异国情调的花草，一边微笑着开玩笑。

这对年轻的夫妇一度换上特殊的装束和头盔，利用一种"平衡滑轮系统"，借助与他们体重相当的石头——大约有二十三块——升到 138 英尺高的巨型龙脑香树上。高高吊在丛林之上，威廉发现了官方摄影师肯·高夫，后者获得许可爬上了邻近的一棵树。王子望着身着防护服的妻子打趣道："女孩子和男人的着装不当问题不同。我希望我没有任何着装不当问题。"即便心中怒火冲天，他们在镜头前却能显得轻描淡写。

与此同时，王室律师们正奋战于法国法庭之上，以寻求对照片的相关禁令。他们也在试图阻止一家意大利杂志发行"二十六页照片特刊"。拍摄了公爵夫人在城堡里晒日光浴照片的法国女摄影师极力想从该事件中脱身，声称自己所拍摄的不是那些半裸照。瓦莱丽·苏奥的作品刊登在上周六的《普罗旺斯报》上，她坚称这些照片是"适当"的，并未招致王室的抱怨。这显然是瓦莱丽放的烟幕弹。数月后，她将面对法国法官，并为自己的行为所造成的后果负责。

在英国本土，一石激起千层浪，连教会也卷入了争论。约克大主教约翰·森塔姆博士说："如果我们污秽堕落到相信每个女性都想在所有人面前炫耀自己的身体，那将是非常悲惨的。我们唯一不能免于赤身裸体的时候是当我们出生时。在此之外，根据我们的文明，赤裸之举应该发生在家中的私密时间里。"

一方面，就某种程度而言，婆罗洲是个可以逃避外界侵扰的避难所；另一方面，他们能够如此专业地继续行程，也证明了他们在公众面前惊人的自制力。他们甚至希望在此停留一晚，只可惜日程表不允许。由于恶劣天气的威胁，威廉和凯特无法搭乘飞机前往所罗门群岛，只能离开这片相对平静的丛林，继续行程。

下一站是南太平洋。凯特一踏上所罗门群岛，立刻有人献上花冠。数日来积累的紧张在一瞬间被骤然释放了，夫妇二人的情绪明显活跃了很多。在继续图瓦卢小岛之旅前，他们先在一个偏僻的豪华度假村停留了一晚，这是他们迫切需要、也是应有的休整。次日，王室夫妇在图瓦卢穿着草裙、带着花冠，试跳起波利尼西亚风格的草裙舞。图瓦卢这个依旧处于英国女王统治下的小国家由九个环形珊瑚岛群组成，人口仅有一万，但那天，似乎大部分人都前来一睹未来国王和王后的风采。

王室夫妇乘飞机抵达，亚瑟·爱德华是唯一得到许可同行的摄影师。他承认拍到了一些自己漫长而卓越的职业生涯中最好的照片，其中几张收录在本书中。威廉乘坐一辆带有树叶顶篷的"马车"，由二十五名魁梧的年轻岛民抬着穿街过巷。王子用传统的萨摩亚祝福语对主人说"talofa"，称图瓦卢是他们即将结束的九天钻禧之旅的亮点。他告诉他们，全世界都记得 1982 年他们对女王来访的热情迎接，这是"她在位期间标志性的场景"之一。接着，在由小岛酋长举办的不同寻常的非正式"国宴"上，这对夫妇纵情欢庆。在一浪高过一浪的欢呼声中，他们似乎将过去几天的遭遇全都抛在了脑后，用舞步驱走了烦恼。他们已经通过了婚姻中的第一次重大考验，现在，谢天谢地，他们要回家了。

第十六章

宝宝驾到

Baby on Board

剑桥公爵和公爵夫人很高兴地宣布剑桥公爵夫人怀孕了。女王、爱丁堡公爵、威尔士亲王、康沃尔公爵夫人、哈里王子和双方家人都为此感到欣喜。

——圣詹姆斯宫，2012 年 12 月 3 日

　　婚姻和子嗣是君主体系的核心，是保证这一古老机构存续的关键。正如一名王室史学家所坦言，处在凯特这个位置的首要"责任和抱负"就是诞下继承人。这虽然不再像亨利八世时代那么残酷——当时王后如果生不出儿子，结局往往很悲惨——但压力依旧存在。从他们结婚的那一刻起，新闻界所关心的下一个问题就是："凯特何时会怀孕?"如果近几十年的王室孕史可以作为借鉴，那么人们或许可以期待王宫方面很快宣布喜讯(女王和戴安娜王妃都在婚后一年之内便怀孕)。但新闻编辑们失望了。这对新王室夫妻的结婚周年来了又去，报刊似乎都已不抱希望。王室能不能有喜，成了一个讳莫如深的话题。

　　因此，2012 年 11 月 23 日，当我接到可靠消息人士的电话时，自然

大大出乎意料。来电者作为王室方面的联络人已有相当长时间，他们告诉我的事情令我既兴奋又感到些许恐惧。他确信公爵夫人怀孕了。他和这对夫妇身边的不少人谈过，他们也有此感觉——但我需要更确切的消息。我进一步追问："有人听到威廉和凯特亲口提及吗?"以前，他总是能给我准确信息，从不对由王室圈子里听到的消息添油加醋。这一次，他也同样。可我告诉他我需要更多信息。我知道，如果消息属实，威廉和凯特定会守口如瓶。与早前披露威尔士亲王和卡米拉准备结婚的消息一样，在爆料王室有喜的故事之前，我需要有百分之一百一十的把握，否则便是不专业、不明智之举，无疑会毁了我的职业生涯。然而这一次，我无法确定。

2012 年 11 月 30 日，圣安德鲁日，虽然没有确定证据，但我相信消息很快就会发布。公爵夫人有些变化，她的脸盘更饱满，头发更柔顺。我预料到，这个故事难以敲定。

公爵夫人回到巴克夏的圣安德鲁幼儿学校，她曾是该校的明星学生，在体育和音乐方面都获得过荣誉。如果我的消息可靠，她确实有了身孕，那么行程安排就必须轻松平缓。

我并非唯一一个屏息以待的人。《太阳报》的资深摄影师亚瑟·爱德华也在期待着，而他的消息来源同样颇为可靠。然而和我一样，他也无法确定。凯特先利用午餐时间与师生进行了私下交流，之后正式参观这所为五岁以下儿童设立的幼儿学校。王宫工作人员对此次行程的安排中有一些与以往显著不同的细节，其中之一是限制摄影师靠近。亚瑟敏锐地嗅出了其中的意味，但当他进一步追问王宫工作人员时——正如我之前所做的——却遭到断然否认。如果说她已有身孕，那么他们并不知情。

起初，一切都很轻松。凯特问学生们在学校里是否养宠物，并告诉他们她当初在圣安德鲁斯时，学校里有两只几内亚猪。"一只叫靓妹一只叫叽叽。我妹妹就是靓妹，我就是叽叽。"她说。大家都哈哈大笑。接着，她在简短的演说中描述了自己在圣安德鲁斯度过的时光，说那是她童年中最美好的几年。"回到圣安德鲁斯令我倍感心灵的慰藉。我爱在这里度过的时光，那是我人生中最快乐的几年，今天的行程也因此具有非同寻常的意义。事实上，当时我在这里过得那么开心，临到毕业时我甚至告诉妈妈我以后要回来当一名教师。当然，没能成真。所以今天能在圣安德鲁日受邀重返母校，我非常激动。"

接着，凯特对亚瑟和我耍了个花招。身着绿色格子花呢以表达对苏格兰圣人的敬意的凯特首先单独参观了校园，接着才观看学校的"进步游戏"。这是该校师生在圣安德鲁日里进行的一种室内活动，其历史可以追溯到学校成立之初。教工们设置了一系列大约五分钟的小游戏，不同年龄的孩子们混合组成若干个小组，通过参与各种游戏获取积分，当天结束的时候将由此产生最后的胜利者。此后，凯特作为该校的前曲棍球队长，为一块新的人工草场的启用正式揭幕。再次踏上曲棍球场，她显得非常开心，尽管穿着高跟鞋，仍忍不住一显身手。这样的鞋显然不太适合打球，但并没有影响她的兴致。如果她已有身孕，怎么可能依旧和孩子们在一起蹦蹦跳跳呢？我们自问。我先前的猜测错得离谱。

接下来，等待结束了。几天之后，也就是 2012 年 12 月 3 日，王室夫妇突然宣布他们正期待着第一个宝宝，为钻禧之年锦上添花。这条消息显然令女王和查尔斯王子也惊讶不已。威廉和凯特对秘密保守得如此严密，连他们最亲近的家人也蒙在鼓里。也就是说，当时他们公布这条秘密实属别无选择。后来我们才得知，威廉在妻子因急性晨呕被送往医院，不得不对外公布消息之前的最后一刻才对祖母、父亲和弟弟坦白。怀孕女性晨呕的情况相当普遍，尤其是怀孕的头几个月。但凯特的情况属于妊娠剧吐，是孕吐中较为严重的一种，需要接受特别医护治疗。该病情最主要的危险是导致肌体脱水——由于无法保证饮入足够的水分而造成怀孕期间体重下降。

　　威廉不想冒任何风险。他将妻子送往伦敦爱德华七世国王医院，并在那里陪伴了她几个小时。医院外，大批摄影师早已在寒风中守候在街对面的金属障碍栏后。凯特目前怀孕不到十二周，需要至少住院观察数天，接受妇科医生马库斯·塞切尔的照料。塞切尔医生曾为韦塞克斯伯爵夫人的两个孩子接生。圣詹姆斯宫方面对于该透露多少细节保持谨慎，拒绝透露夫妇二人究竟何时发现已怀孕，只是说"最近"。

　　凯特住院期间，外界为这一消息激动不已。首相戴维·卡梅伦在推特上写自己"为这个消息欣喜不已……他们会成为优秀的父母"。工党领袖埃德·米利班德也不甘落后，在推特上说："这对于凯特、威廉和整个国家而言都是个美妙的消息。王室宝宝会令全国欢欣雀跃。"威廉的舅舅，戴安娜王妃的哥哥斯宾塞伯爵说怀孕是个"好消息，我为他们俩激动"。为他们主持婚礼的坎特伯雷大主教说："全国都想为这个美妙的消息庆祝。我们希望公爵夫人身体健康，做个幸福的准妈妈。"甚至白宫方面也闻风而动。巴拉克·奥巴马总统的新闻秘书杰伊·卡内说："我们从伦敦方面收到好消息，得知剑桥公爵和公爵夫人喜成准父母，谨代表总统、第一夫人和我们这里所有人，表达对他们的祝贺。"

　　我当时在为澳大利亚的顶尖早间节目"日出"做现场播报。也就是说，我在医院外待了很久，当大部分人收工之时，我正与位于悉尼的第七频道总部"早餐中心"进行现场连线。然而，消息有限。我们所知的全部就是凯特在医院里接受照顾。她的丈夫和家人每日的进进出出是唯一证据。一切都在悄然进行。接着，任何人都没有料想到的、戏剧性的、最终以悲剧收场的一幕发生了。

　　澳大利亚电台 2Day FM 的两名主持人冒充女王和威尔士亲王致电医院，电话被直接转至公爵夫人的病房。尽管来电者对女王和亲王的声音模仿相当业余，但接线员和照料公爵夫人的护士丝毫没有怀疑。当冒牌"女王"错将公爵夫人称为"我的孙女"时，另一名主持人咆哮着学起威尔士矮脚狗叫。照顾公爵夫人的护士将治疗细节以及她的状况等机密信息如实汇报，甚至还提及何时适合"女王"来探望。

　　这个看上去相当幽默的故事至少给媒体制造了一些话题。医院方面的一名发言人说："这通电话被转接至病房，一名护士做了简短的答复。爱德华七世国王医院对此事件深表遗憾。"医院的首席执行官约翰·洛夫豪斯说："这是一个愚蠢的恶作剧，我们对此表示谴责。我们非常严肃地对待患者的隐私，现在我们正在调查电话记录。"此番话相当严厉，电台方面立刻道歉，但在此前已经一遍又一遍地反复播放以获取最大的公众效应。

　　"夏季30"的两名主播之一梅尔·克雷格装成女王，与护士交谈了约两分钟。她开头说："凯特，我的宝贝儿，你在吗？"护士回答："早上好，夫人，我是护士。有什么可以帮您吗？"冒牌女王说："你好。我只是挂念我的孙女凯特，我想知道她肚里的小家伙怎么样了。"护士告诉她一些细节之后，她说："好的，那我就去喂我的小矮脚狗了。"迈克尔·克里斯汀接着开始学狗叫。当她问到何时可以探视时，护士回答："我建议九点钟之后，因为整个上午医生会在这里，早上她的精神也充沛。九点之后的任何时间都可以。"迈克尔·克里斯汀又装成威尔士亲王，问护士："威廉还在那里吗，还是已经回家了？我还没和他通话呢。"冒牌女王插话道："你打算什么时候去溜这些矮脚狗？"冒牌查尔斯回答："妈妈，我这就带狗出去。"

　　以前也发生过此类恶作剧。有一次，甚至连女王都被愚弄了。加拿大主持人皮埃尔·布拉萨德装成加拿大总理让·克雷蒂安，请她为1995年的魁北克公民投票录制一段讲话，以支持加拿大的统一。但老实说，保安部门在此事件中难辞其咎。王室保安本该锁定总机，不让任何电话接入。不过这么做似乎也没有必要，因为总有一名安保官员全天陪伴公爵夫人，所有的电话都应该先转给他。

迈克尔·克里斯汀承认当电话被接入病房时，自己"完全傻了"，他补充说："我以为会被挂掉呢！"

次日，威廉去医院探望时得知了这个恶作剧，但他似乎并不很在意。或许，他有更重要的事需要操心。王宫方面说不会就此事做出任何评论，也没有正式谴责电台。

查尔斯王子似乎完美地把握了公众情绪。当时他正经由停泊在伦敦的皇家海军舰艇贝尔法斯特号登上 SA Agulhas 号，会见兰纳夫·费内斯爵士，祝愿他最后一次南极之旅顺利。被问及凯特怀孕之事时，他打趣道："你怎么知道我不是电台的？"他接着说："我很兴奋。步入老年的时候——如果我能这么说的话——体会到当祖父的感觉。所以说太美妙了。得知儿媳状态转好，我很高兴，谢天谢地。"看起来，这个小插曲就要这么结束了。

可是接下来，气氛骤然改变。突然间，这不再是个玩笑。伦敦当事医院那名接听电话的护士身亡。四十六岁的杰辛莎·萨尔丹哈给她在爱德华七世国王医院的上司留下了一份手书便条，写着："请接受我的歉意。我真的很抱歉。谢谢你的支持。我认为澳大利亚电台梅尔·克雷格和迈克尔·克里斯汀应该为此事负责。请让他们偿还我的债。我很抱歉。杰辛莎。"之后她悲剧性地结束了自己的生命。

全世界为之震惊。该新闻登上了各个媒体的头条。剑桥公爵和公爵夫人在声明中说，他们对该护士的死"深表哀伤"。圣詹姆斯宫方面声明，公爵和公爵夫人"在爱德华七世国王医院期间得到了所有人的悉心照料，在这个悲伤的时刻，他们的心与杰辛莎·萨尔丹哈的家人、朋友和同事们在一起"。一名王宫发言人后来说："王宫没有就此事件对医院做出任何谴责。"他又补充道："相反，我们自始至终都对涉事护士和医院员工提供了全力支持。"医院赞扬该护士为"一流的护士，无微不至地照顾数百名病患"。于是，两名主持人立刻处于质疑之下。

　　爱德华七世国王医院首席执行官约翰·洛夫豪斯说，作为两个孩子的母亲，萨尔丹哈女士在医院工作已超过四年，她"是个杰出的护士，受到同事的尊敬和喜爱。每个人都为失去这样一位亲爱的、优秀的同事而震惊"。

　　两名主持人的推特账号被删除，所有有关冒名电话的记录也都从2Day FM的网站上消失。电台所属的SCA（南十字星广播公司）在脸书上发表声明，说对"这则悲惨的消息表示深切哀悼"，并对"其家人和所有相关人员表示深切慰问"。

　　这出可怕的媒体闹剧该收场了。最好的方法莫过于凯特出院。次日早晨，母亲卡罗尔前来探望之后，她离开了医院。她说她觉得"好多了"，她围了一条围巾，手捧一束黄花，与丈夫一起停下脚步让摄影师拍照。从这一刻起，对于怀孕的凯特和她的丈夫威廉而言，一切都变了。

　　随着对长子继承权法案的修改生效，媒体开始搜寻关于胎儿性别的蛛丝马迹。尽管凯特深谙守密之道，在格林斯比之旅中却差点儿泄露秘密。刚刚从瑞士阿尔卑斯度假回来的凯特显得精神焕发，她搭乘直升机前往浓雾笼罩的格林斯比，参观国家渔文化中心。两千多民众也在现场。在短短十分钟的参观过程中，一名当地女子戴安·伯顿递给她一只泰迪熊。站在她旁边的身为两个孩子的祖母的六十七岁的桑德拉·库克说："她那么自然，就像和朋友交谈一样。她转向我身边的一名女士，就在那时她差一点就说出了秘密。"

　　"这名女士给了她一只泰迪熊，我清清楚楚地听见她说'谢谢，我会把这个给我的女……'然后她停下了。突然停下。我禁不住接口说：'你差点就说出来了。'她说：'什么意思？'我说：'你要说女儿，是不是？'她始终保持着微笑，但是说：'不，我们不知道性别。'我说：'噢，我认为你知道。'她回答：'我们不说！'我只希望她不会生个男孩，否则我就太蠢了。可是她的的确确说了'女……'。"

在关于胎儿性别的各种猜测纷纷扬扬之际，凯特的王室经验也大大提高。由于威廉作为皇家空军搜救飞行员不在宫中，凯特便被要求协助女王和爱丁堡公爵。女王感染肠胃炎之后曾生病住院，但即便如此也不能令她长期安心休养。对于女王而言，职责的需求才是第一位的，那几乎成了她的一部分。于是，她出现在了贝克街地铁站——这条街道因夏洛克·福尔摩斯而名声大噪，参加伦敦地铁一百五十周年纪念的庆祝活动。

跟随在女王身后一两步远的凯特神采奕奕，为现场平添了魅力。上午11：30，王室成员参观了复原的1892年地铁车厢，接见了参与修复工作的人员。接着，三名王室成员走进一辆崭新的S7列车，女王为列车剪彩，并命名其为"伊丽莎白二世女王号"。在参观结束时，伦敦地铁的首席运营官霍华德·柯林斯送给凯特一枚写有"宝宝驾到!"的徽章，凯特说："噢，是的，我以前见过这种东西——应该怎么弄？我在家得戴着它。"

第十七章

老亲王

Prince the Elder

你得记住他的年纪，他们俩的年纪，你知道……他们在那个年纪做什么——他们比他们的同龄人做的多得多。考虑到他们的工作量，如果偶尔有个别会见被取消，不值得大惊小怪。

——彼得·菲利普斯，女王和爱丁堡公爵的长孙，2013 年 6 月 6 日

说到健康，王室家庭始终持着"保持平和，顺其自然"的态度，他们不喜欢小题大做。因此，2013 年 6 月 6 日，当白金汉宫方面宣布爱丁堡公爵入住哈利街伦敦诊所的专用病房时，一切也都简单至极。毕竟，菲利普亲王的作风相当老派，他的口头禅是"适应它"。那正是他在接受腹部探查手术期间对女王以及其他近亲属的期望。不过在我看来，这件事其实是个转折点。

公爵早先参加了一场在白金汉宫举办的八千人花园派对，整个下午都在和客人们聊天打趣。他身着燕尾服，戴着高礼帽，尽管年事已高，却依旧英俊潇洒。他看上去比小他十岁、甚至十五岁的男人更年轻。下午 5 点 30 分左右，派对接近尾声，他悄悄离开，换上晨礼服，开车前往私立伦敦诊所。

公爵入院的消息公开后，白金汉宫仅就事件本身发布了一则简短的声明，称"目前在分析结果，初步结果令人满意，适当时候会公布进一步消息"。当我就公爵的健康状况进一步追问一名王室事务资深人士时，这名助理的口风相当紧。问题有多严重？公爵的状况具体而言如何？这名助理的回答简洁而没有丝毫装腔作势："他老了。"此时无声胜有声，这几个字对我说明了一切。显然，我应该准备好一切可能性，尽管未必会立刻发生。这样的担心是有原因的，对于像公爵这个年纪的人，使用常规麻醉剂动手术本身就有很大风险，而最近一次的患病对这名王室家长的影响更是不容小觑。

到了这把年纪，公爵把每一天都视作上天的恩赐。他对一句拉丁老话"把握今朝"推崇备至，总是热情洋溢地抓住每一天。但在九十岁生日之际，他说："我估摸我已经做完了分内之事。"他表示会逐步放松下来，减少工作量。然而到目前为止，似乎没有多少迹象能显示他有所改变。他不仅承担着数百种公共职责，还要完成几十种私人事务，甚至在当年单独出访加拿大。不仅如此，菲利普还是女王的柱石。1939年，他和当时十三岁的女王相遇，如今结婚六十五载。在女王的加冕典礼上，他宣誓做她"生命中的臣民与股肱"，而她则将他称为自己的"力量与支柱"。他们之间有着不知倦怠的协作关系。毫无疑问，她深爱着他，依赖着他。此时，我们八十七岁的君王比以往任何时候更需要来自家庭的支持。

女王完全遵照了他的心愿。一如往常，她坚强地把责任放在首位，而此时，她深爱的丈夫正在几英里之外准备接受大手术。女王对丈夫的"牵挂"是不难理解的，但即便没有他在身边陪伴，各项安排依旧按计划实施。那一次，作为新闻采集者的BBC（英国广播公司）本身成了公众的关注焦点。数百名群众聚集在飘扬着英国王室旗帜的耗资十亿英镑建成的BBC新广播大楼总部外，冲着11：10准时抵达的女王座驾高声欢呼。在大楼内，《太阳报》的亚瑟·爱德华用镜头为后人记录下了这一瞬间。

公爵原本也应出席这次活动。"女王陛下显得平和、沉着。她令人称奇。"他继续说，"她显然牵挂着公爵，但并没有表现出来。"她有自己的事要做。她的到来令正在准备直播的 BBC 新频道主持人朱利安·沃瑞克和索菲亚·朗惊讶不已。发觉女王出现在身后时，两名主持人向她点头致意。这一幕奇妙、出乎意料而又轻松自然。

女王当天身着粉蓝色外衣和帽子。她用现场直播的方式发表了简短的致辞，并经由 BBC 世界新闻网传达到世界各个角落。她提到了六十年前即将登基之际与菲利普亲王一起参观广播大楼的情形。这是她当天唯一一次提起丈夫。BBC 信托主席帕顿爵士和总裁霍尔爵士——他在简短致辞中也祝愿公爵迅速康复——全程陪同参观。

女王首先从广播一台开始参观，会见了包括尼克·格雷姆肖、特里弗·尼尔森、萨拉·考克斯在内的主持人。接着，进入著名的现场演播室观看"手创乐队"的节目制作。随后，她与乐队主唱丹尼·奥多诺霍就 BBC 一台的"英国好声音"节目进行了简短交流。当女王得知他正参加格拉斯顿伯里艺术节时，她打趣说："你有没有在那儿弄得浑身全是泥巴？"歌手笑着回答："真的得带双好雨靴。"

下一站是四楼。新闻节目的执行导演弗兰·安斯沃斯向她介绍了几名四台的员工，其中包括"今日"节目的主持人约翰·汉弗莱斯。女王与"今日"节目的另一名主持人詹姆斯·诺蒂以及锡安·威廉姆斯一起，通过四台发表致辞，宣布 BBC 新大楼启用。她说："今天我很高兴宣布大楼启用，我希望这栋新楼在未来能够满足你们的需求。"之后，她在 BBC 的新闻演播室会见了主持人霍·爱德华兹和索菲亚·雷沃斯，以及包括戴维·丁伯比和布鲁斯·福塞斯爵士在内的知名主播。

当 BBC 的老牌主持人约翰·汉弗莱斯突然问及她丈夫的情况时，她回应说："我不清楚，他刚刚入院。"

他说："他昨天看上去棒极了。"

　　她没有暴露任何细节，说："是么？那是因为他没病。"专业级的完美应对。

　　6月10日，在爱丁堡公爵殿下九十二岁生日之际，女王拿着生日卡片来到医院。自从接受手术以来，他已经尽可能不接见来访者，但绝不会将相伴六十五载的妻子拒之门外。接下来的几天，其余直系家属也前往探望。威尔士亲王离开时笑容满面，当被问及其父的健康状况时，他回答："好多了。"或许，这个家庭正试图不动声色地说服公爵：现在正是履行他自己的主意，"放松下来"的好机会。毕竟，他已经"完成了分内之事"。

　　当然，任何过渡都要做到无缝衔接。但这的确是王室重心向年轻一代转移的信号。威廉王子和哈里王子——二人分别在皇家空军和陆军航空团服役——都将分担祖父的重担。热爱搜救飞行员工作的威廉王子将不得不把精力更多地投入到王室职责中，或者至少得换班以便承担更多的王室事务。已经在阿富汗完成两次任务的哈里王子未来也需要一个能够允许他有时间参与更多王室活动的职位。剑桥公爵夫人目前已经有了足够的经验，可以协同或独立出席活动。他们三人都将分担重任。

　　经历了约九个月的猜测与报道，凯特在预产期前几周出席了生产前的最后几次官方活动。在之前的几个月里，每当她出现在公众面前，总是衣装迷人，笑容满面，总是专注于手头工作或凝神望着民众。在白金汉宫的花园宴会上，她承认这个糟糕的春天的好处之一是令她保持平静，她喜欢凉爽。尽管如此，在整个怀孕期间，她始终看起来生机勃勃。

　　6月13日，她在南安普敦码头出席了产前的最后一次参观活动，为一艘新游轮"皇家公主号"命名。作为这艘船的教母，她是庆典中当仁不让的核心，并在为游轮命名时以传统的祝福方式亲手砸碎一瓶价值1250英镑的香槟。身着从商业街买来的价值169英镑的Hobbs黑白斑点外套，搭配经典黑色宫廷鞋和黑色头饰，公爵夫人踏着专为她铺设的宝蓝色地毯，欣赏着皇家海军普斯茅斯乐团和爱尔兰卫队第一营管乐队的充满活力的迎宾曲。

公爵夫人下车走向南安普敦岸边，虽然从伦敦搭直升机至此，但她看上去很轻松。

在包括资深电视主持人布鲁斯·福塞斯爵士、演员克里斯多弗·比金斯、前原子少女猫歌手利兹·麦克克拉侬在内的来宾和名流的注视下，怀孕八个月的公爵夫人微笑着与官员和首航人员代表握手。

狂风大作，似乎要下雨了。她登上看台，面对游轮坐在由剑桥公爵和公爵夫人及哈里王子资助的慈善机构工作人员中间。观众中，有来自受公爵夫人监护的东盎格利亚儿童福利院、由剑桥公爵担任名誉主席的技艺之力和哈里王子资助的健康儿童三家机构的代表。

凯特兴致勃勃地登船，接见了这艘豪华游轮的船员。船长托尼·德雷帕带领她参观了"皇家公主号"，并领略了苏伦特风光，之后又向她展示了威廉的母亲戴安娜王妃于1984年在同一地点命名的前"皇家公主号"的船钟。德雷帕船长指着控制台上的一个按钮，问凯特是否想拉响汽笛。打开窗户后，公爵夫人按下控键，悠长低沉的声音回荡在码头上空。她笑着称这一经历非常"精彩"，并补充说："我本来以为声音会很尖锐。"

十四岁的伊泽贝尔·罗伯瑟姆和她八岁的弟弟查尔斯将剪断绳索释放巨型香槟瓶的剪刀交给公爵夫人。这两个孩子的兄弟在婴儿时期因脑瘤死于东盎格利亚儿童福利院。

在剪断绳索前，公爵夫人和姐弟俩交谈了几句，接着以如下的言辞完成了命名仪式："我将这艘船命名为'皇家公主号'，愿上帝保佑她和她的乘客。"

终于到了与王室职责暂时说再见的时候了。凯特在阅兵式上的最后一次亮相引发了全场欢呼。在女王生日的例行巡游上，迷人的凯特身着亚历山大·麦昆设计的淡粉色外套，搭配同色帽子，与卡米拉和哈里王子乘坐同一辆马车，受到了数千民众的欢呼。之后，她与其余王室成员们一起出现在白金汉宫的阳台上，观看由第二次世界大战飓风战机和红箭飞行队共三十二驾战机编队进行的传统皇家空军飞行表演。

一如往常，她给传统的王室活动增添了新元素。当女王乘坐皇家马车经过时，挤满林荫道的人群自然为她高声欢呼，尤其是今年菲利普亲王因住院依旧无法陪伴在她身边。但送给凯特的敞篷马车——卡米拉与哈里王子也在这辆车上——的欢呼声却可以用震耳欲聋来形容。凯特笑容绽放，魅力四射。她又一次沉着地扮演了王室角色。在此之后，她可以跷起脚"休产假"了。我们下一次再见到她将会是在医院的楼梯上，届时她怀中将抱着新生儿，骄傲的丈夫将陪伴在她身旁。

毫无疑问，婴儿的出生是她目前的头等要务，甚至可以说是最重要的时刻。戴安娜王妃生下威廉时要年轻得多，却已感到养育王室宝宝的艰难。她经常责怪王室成员，抱怨得不到他们的支持。像戴安娜一样，凯特必须把握好做母亲与履行公众职责之间的平衡。这不容易，但我们没有理由怀疑她的能力。她在其他场合中都已应付自如。我确信王室家庭，尤其是深爱她的丈夫威廉王子会全力以赴地支持她。他们应该如此，毕竟，她是这顶王冠上最闪亮的明珠。

直到新年之前，凯特的日程表上都没有安排任何活动，当然，她无疑会尽早复出。王室母亲们休产假的时间长短不一，取决于她们对怀孕和哺乳期的适应程度。戴安娜怀孕期间仍时常现身，并坚持按照自己的方式行事。王妃担心要在白金汉宫产下头生子威廉，她告诉朋友们自己无法想象还有什么事能比在富丽堂皇的宫殿里生孩子更糟糕。相反，她在帕丁顿的圣玛丽医院林多院区生下了儿子，由她的妇科医生乔治·平克担任生产顾问。那是王位继承人第一次在公立医院出生，尽管是在私人产房内；也是有史以来第一次有王储在旁守候的王妃生产。

查尔斯王子陪伴在妻子身边的举动被视为某种进步。和父亲一样，威廉也按照现代习俗从皇家空军请假两周，以陪伴他们昵称为"我们的小葡萄"的小胎儿。

随着产期临近，凯特全身心地投入到营造王室爱巢的准备工作中。她亲自在肯辛顿宫的诺丁汉小屋里挑选临时奶妈。主楼的 1A 单元实际上有四层楼，占了整栋钟楼建筑的一半，由于在楼中发现石棉，拖延了 1A 修葺工程的进度。对于凯特而言，这栋 17 世纪时由克里斯多弗·雷恩设计的建筑最迷人之处在于它带围墙的花园，在这里推着婴儿散步、欣赏园艺再适合不过。在母亲的帮助下，凯特已经为房子选好了家具和布艺，这与三十年前戴安娜的方式几乎如出一辙。整个怀孕期间，威廉和凯特引领着王室的创新风潮，令准备工作变得随意得多。他们身边的人认为，作为家长，他们也会尽力如此。

第十八章

少亲王

Prince the Younger

我非常期待那种关系。

　　威尔士亲王是个严肃、多思的人。他孜孜不倦地推动环保事业，相信通过引发讨论以促使人们付诸行动、停止对后代赖以生存的自然环境的破坏是自己的职责所在。现在，他身为祖父，更觉责任紧迫。在王室宝宝诞生之前，他一次又一次提及该话题。他说自己不想"把一个日益紊乱的世界交给"孙子。

　　在做客ITV（英国独立电视台）"晨早"节目，接受主持人菲利普·斯科菲尔德和霍利·威洛比的采访时，他将观点表达得更加透彻。"我多年来关注环境破坏、气候变化和其他事物之间的长期关系。在这样一个理智社会里，我们不该把一个日益紊乱的世界交给我们的子孙，给他们留下一大堆问题。我不想听见我的后代们说'你为何什么都没做？'现在我们将有孙子了，确保能留给他们一些没有被完全污染的食物就显得越发重要。"

作为待位时间最长的储君，经验丰富的查尔斯在培养未来的继承人乔治王子方面扮演着关键角色。在他自己的儿子年幼时，他曾受到负面压力，这主要是由于戴安娜王妃的观念与他截然相反。事实上，尽管公务繁忙，有大量的社会活动，他并非那种撒手不管的父亲。

查尔斯王子经常在儿子们的休闲时间出现，也喜欢给他们读睡前故事。他最中意的是一本广受赞誉的儿童读物《洛赫钠加的老人》，这是他多年前亲自执笔为小弟弟们写的。私下里，那些熟悉他的人都说他为即将成为祖父颇感兴奋。在公开场合被问及此事时，他只是回答："这是个美好的念头。"这是他在面对私人问题时惯用的搪塞语之一，在被问及与卡米拉的婚姻时他也是这么答复。不过，随着采访的深入，他的口风有了变化——近几年，我们未来的国王稍稍开放了些——他带着自然的微笑补充说："我非常期待那种关系。"他也开玩笑说觉得自己"有点老"。

这显然将是一种他喜欢的关系。他可以完全自然地融入孩子们中，受到他们的欢迎。或许是得益于他诙谐的幽默感，又或许完全是天生的亲和力。遗憾的是，他本人几乎不怎么了解自己的祖父乔治六世国王，后者年仅五十六岁便辞世了。在保存下来的一些照片中，小查尔斯坐在他祖父身边，这是他最珍贵的记忆。当然，他与祖母的关系相当亲密，祖母在他的成长中扮演着关键的角色。当查尔斯的母亲忙于国务之时，王太后总是陪伴在他身边；他的父母出访国外时，也总是由王太后照顾他。

当然，查尔斯不会是乔治王子唯一的祖辈。凯特的父母迈克尔和卡罗尔的角色也至关重要。但他将是未来君主在理解复杂的王室世界过程中的指路明灯。毕竟，他不仅是待位时间最长的储君，也在前妻戴安娜王妃去世后作为单亲父亲养育了王位继承人。

幸运的是，作为祖父，查尔斯有一个完美的支持者。康沃尔公爵夫人卡米拉——她已经公开表达了自己对祖母这一角色的热爱——将为他提供建议。卡米拉时常避开王室生活的炫目光芒，与自己的孙辈们待在她的私人宅第雷米尔府。她是个脚踏实地的女性，推崇家庭的重要性，喜爱乡村生活和田园逸趣。查尔斯最喜欢的也是在郊外漫步——这有助于他思考。毫无疑问，等孙子长大些，这将是他们给他的共同指引。

不过，卡米拉也不会过分干涉。她知道自己的角色是"继祖母"，不想取代本该属于威廉已故母亲戴安娜的位置。她的撒手态度已经帮助她与威廉和哈里建立起了和谐的继母子关系。她从不过分关心，但总在他们需要时做个耐心的倾听者。她是维系老少两代人的值得信任的纽带。

戴安娜当然无法再帮威廉，但威廉的父亲和卡米拉也不会孤军奋战，米德尔顿一家，尤其是与威廉相当亲近的卡罗尔会伸出援手。卡罗尔意识到王宫方面对女儿和女婿的要求。她会用适当的寻常生活来保护他们。反之，威廉也将确保凯特的父母不受到王宫和贵族圈子无意间的冷落。

威廉显然从父亲对自己的教育中受益良多。查尔斯始终对儿子们特殊的王室身份举重若轻。他知道他们有着特殊的职责，某一天必得将其挑在肩头。当戴安娜与王室传统对抗之时，查尔斯则希望儿子们能接受传统，毕竟，他生于斯长于斯。两种观点冲突的结果就是，尽管父母并不美满的关系中有着种种纷繁扰杂，威廉和哈里却成长为平和的年轻人。威廉和他出身中产阶级的妻子凯特也将遇到相似的两难处境。他们想让孩子在尽可能寻常的环境中成长。但问题是，对于一个生而为王的婴儿而言，什么才是寻常的？

因此，无论威廉王子和凯特如何努力为头生子营造一个普通的成长环境，他都注定是特别的。毕竟，这个孩子有朝一日要成为统治者。他也将同样成为王子殿下——女王已经颁布了特别法令确保"威尔士宝宝"享有殿下头衔。

幸运的是，威廉王子和凯特并未被刻板的礼仪所困扰——他们理解，因为他们的宝宝有一天将成为国王，他们不得不放弃一些私人生活。然而，尽管有来自媒体、公众以及他们家人的种种压力，这个新的小家庭将力争给他们的头生子最大限度的平凡童年。

第十九章

激动人心的凯特倒计时

The Great Kate Wait-#royalbabywatch

他们会成为了不起的父母——因为他们那么爱孩子。威廉已经从一个年轻男孩变成了一名杰出的绅士，这是成为父亲的重要因素。

——英格兰前国脚，威廉和凯特的朋友大卫·贝克汉姆，2013 年 7 月

7 月中旬，热浪席卷着英国。温度飙升至华氏 80 度，有几天甚至达到 90 度（摄氏 32 度）。英国网球名将安迪·穆雷赢得了温网男单冠军，英格兰人在板球对抗赛的前几回合战胜了澳大利亚人，整个国家都在热切期待着未来国王或女王的诞生。伦敦的天气闷热不适。当威廉王子作为皇家空军搜救飞行员在北威尔士执行任务期间，凯特自然轮流住在肯辛顿宫和她父母的巴克夏宅。她似乎并不希望他围着自己转。相反，他在周末还有空闲时间和弟弟哈里王子一起参加慈善马球赛。

6 月底，第一只用来占位置的摄影架已经搭建在西伦敦帕丁顿的圣玛丽医院林多院区外，这里将是王室宝宝出生的地方。官方没有给出预产期，肯辛顿宫威廉和凯特的私人办公室对预产期的透露也只不过是在重复公爵夫人在今年早些时候公开露面时所说的——宝宝预计在"7 月中旬"

出生。这个故事现在已然自行发酵。数家报社都已刊登消息称，公众被误导了，新王位第三顺位继承人的预产期事实上要更早一些。对此，剑桥公爵和公爵夫人的官方发言人埃德·帕金斯坚决否认。

对于媒体而言，一旦肯辛顿宫方面颁布摄影师注意事项，发令枪就已然打响。这其实是一份无关痛痒的提示，布置了当院方允许探视剑桥公爵夫人之后对媒体的安排。然而，在一些摄影师眼里，这不啻一个信号，预示着婴儿的出生近在眼前。越来越多的摄影师像负鼠一样扛着摄影架前来，好当那经过漫长等待后的一刻来临时占据满意的高度、拍摄最精彩的画面。短短数小时之内，约八十只标着各自主人姓名的摄影架便已占据了医院外的走道，如同召开布景人员大会一般。钢质的采访栏已搭建好，沿线设置了警戒桩。在林多院区外，八名警官十二小时轮班。甚至有一些民众带着米字旗服饰、睡袋和帐篷，在医院外安营扎寨。

激动人心的"凯特倒计时"——人们给这段时间起了这个名字——在热切的期盼中开始了。

来自世界各地的电视台人马此刻聚集在此，标着各家电台名称的胶片放在地上占据着位置。我的来自澳大利亚第七频道的同事"日出"栏目主播梅丽莎·多伊尔和美洲部总编辑迈克·阿莫尔也在其中。加拿大门外，白金汉宫拍摄点的卫星直播机位搭起了白色帐篷，挂着"闲人免进"的标识。毋庸置疑，全世界都在关注着这名王室宝宝的出生。这么多记者聚集在城内，在凯特入院之前又没有什么实际报道，于是猜测和道听途说的故事成了这一天的主戏。有些电视台主播们开始感到无聊，便索性互相采访起来。来自美国的新闻主播娜塔莉·莫拉雷斯编织粉色毛线鞋的镜头被拍进了NBC（美国全国广播公司）的王牌节目"今日秀"。

林多院区自然而然被戏称为"林波域"——迷失域。人们甚至开始绕道而行，只为了看看这个私人院区入口处如山峦起伏的铝质拍摄架究竟延伸了多远。真的有点像马戏团的巡回演出。等待的时间越长，这片被称为"梯架地"的区域也就越发躁动不安。

肯辛顿宫的官员们从一开始就明确表态：他们只在凯特入院时发布一次评论。当时，我们估计她已经进入临产期，但这并没有将埃德·帕金斯及其副手尼克·劳兰率领的威廉和凯特的新闻发言团队从接二连三的电话中解救出来。尽管肯辛顿宫里还住着其他王室成员，比如女王的侄子肯特公爵，因而有王室直升机在那里起落是很正常的事，但每一次直升机的起降都立时引发电话轰炸。

从威廉的计划到在凯特分娩过程中握着她的手，再到他们已经开始计划第二个宝宝，小报上开始出现各种故事。记者们援引"内部"消息，但很显然，根本不存在此类消息源。他们怎么可能获取如此隐秘的细节？王宫方面打算对这些故事置之不理，因为这些消息都只是猜测性的，且难以否认。既然如此，又何必澄清呢？毕竟，眼下正逢伦敦新闻界所谓的"傻瓜季"。

由于缺乏关于王室宝宝的实质性报道，民意调查便成了当天报纸用来填补空白页的救命稻草。逢周末发行的英格兰中部地区的主流报纸《星期日邮报》称，公众认为凯特应该成为全职母亲，而不该依赖保姆的帮助来照顾婴儿。在他们委托色维顿民调机构所做的一千份调查中，有超过半数的人支持王室夫妇亲自抚养孩子的计划，近六成人认为凯特应该"显著"减少她所承担的王室职责，尽管人们推测她很有可能在秋季重新开始部分工作。百分之五十三的人认为，在孩子成长的过程中，米德尔顿家的人应该被赋予比查尔斯和卡米拉更重要的角色。当然，现实是，届时夫妻俩需要所有可能的帮助，因为到了秋季，凯特要重新与威廉和哈里并肩战斗，明年春天出访澳大利亚和新西兰的计划也已在秘密安排之中。

据报道，凯特与威廉的头生孩子的名字、性别和出生日期也成了人们打赌的热点。为王室宝宝下的赌注已经超过一百万英镑，庄家们称，这一数字打破了非体育类博彩市场的纪录。据说，博彩经纪人卡洛尔经手的王室婴儿出生日期的赌注高达五十多万英镑，威廉·希尔则收到了来自全球各地的价值十万英镑的赌资。一名不愿透露姓名的澳大利亚人下了一千英镑的赌注，赌婴儿为男性，紧接着又将五千英镑压在女孩的可能性上。在伦敦中部地区，当出现婴儿如为女性则名为亚莉珊德拉的高赔率情况时，卡洛尔甚至不得不暂停对婴儿姓名的投注。

不过，有一则消息着实缺乏水准，王宫方面不得不做出回应。7月8日，包括通常以可靠著称的《每日电讯》在内的若干家报社刊登了一则"权威"消息，称王室宝宝将成为首任剑桥王子或公主殿下。这种说法既草率又不准确。

次日，王宫方面就此发表声明，称"为了避免由几家报纸刊登的消息给公众造成困惑，特此声明，新出生的婴儿将被称为剑桥王子（名字）殿下，或剑桥公主（名字）殿下……而不是'剑桥王子或公主殿下'。"声明继续说，"此外，在此之前已经出现至少一名'剑桥王子（名字）殿下'，即出生于1819年的剑桥王子乔治，乔治三世国王的孙子。"

阿道弗斯王子是乔治三世国王和夏洛王后的第十个孩子，在他们的儿子中排行老七。他与威廉一样被封为剑桥公爵。1818年，阿道弗斯娶了卡塞尔公主奥古斯塔，膝下共有三个儿女：乔治（1819－1904），奥古斯塔（1822－1916）和玛丽·阿德莱德（1833－1897）。玛丽·阿德莱德正是当今女王的曾祖母。1850年，老剑桥公爵去世，其子乔治成为剑桥公爵。但他的婚姻违反了王室婚姻法令，三个儿子和其后的男性后裔都因而改姓菲兹乔治。1904年乔治死后，其剑桥公爵的头衔无人继承。因此，现在的王室新生儿不仅不是第一个冠名"剑桥"的王子，而且还是剑桥公爵阿道弗斯王子的幼女剑桥公主玛丽·阿德莱德的直系后代。

查尔斯王子继承王位之后，也会出现类似的头衔继承。届时，威廉将成为康沃尔公爵，并使用康沃尔和剑桥公爵殿下的称号，直到被授予威尔士亲王殿下的头衔。这就意味着，在威廉成为威尔士亲王之前，他的孩子们将被称为康沃尔和剑桥王子殿下或公主殿下，而之后则称为威尔士王子殿下或公主殿下。

鉴于王室继承法的更改，女王已经发布了被称为新英皇制诰的命令，确保未来的曾孙女也能享有适合于未来君主的封号。

英皇制诰是君主不经过议院而直接进行法令变更或公布的方式。例如，当威廉王子被封为剑桥公爵时，就发布了加盖国玺的英皇制诰。

为了更改法令，《伦敦宪报》刊登了一条通告以公布女王的决定。通告称："女王同意 2012 年 12 月 31 日签署的加盖国玺的英皇制诰，宣布威尔士亲王长子的所有孩子都应享有殿下的头衔和地位，在教名或其他荣誉称号前使用王子或公主的称号。"

无论威廉和凯特多么希望他们即将出世的孩子拥有平凡的童年，事实却很清楚，这个宝宝注定特殊。

就在王室成员和官员们依旧紧守口风之际，康沃尔公爵夫人并没有被宫廷礼仪所束缚，向新闻界泄露了"头条重大线索"。彼时，全世界媒体人员已经在圣玛丽医院的林多院区外安营两周了。因此当有五个孙儿的卡米拉释放出了新王室宝宝即将出生的最强暗示，说祝福者们可以期待在"本周末"迎来喜悦之时，她的话立刻登上了全世界的报刊。

公爵夫人或许是希望巧妙地将注意力吸引到与她自身更密切的话题上，因此选择在参观康沃尔圣奥斯特尔附近的包斯平小港儿童疗养院时透露王室秘密。卡米拉和准祖父查尔斯王子当时在英格兰西部度过一年一度的"康沃尔周"，会见当地人并表彰其功绩。他们从布德镇出发，在那里，很多母亲带着她们的婴儿来见他们。一名叫特鲁蒂·林塞的母亲抱着三周大的女儿埃莉-玛伊对查尔斯说："你们很快也会有一个。"对此，王子回答："但愿如此！"

相比之下，卡米拉则更乐于透露信息。当她在患有脊髓肌肉萎缩症的十三岁的亚历克斯·史密斯的协助下为疗养院接牌，并发表即兴演说时说："我们正等着电话。我们有望在本周末迎接他或她的降生。"

　　甚至一向守口如瓶的女王也加入了公众讨论。她和任何即将做曾祖母的人一样焦急。在 7 月 17 日的公开露面中，一名十岁的女孩费伊·百蒂鼓起勇气问她："你希望凯特的宝宝是男孩还是女孩？"

　　女王立即回答："我都不介意。"短暂停顿一下后她说，"我希望孩子尽快出生，因为我很快就要去度假了……我希望不会太匆忙。"她又笑着补充说："可是还没动静！"她这番对坎布里亚郡威格顿附近的维冈比英格兰教会小学的学生费伊说的话引得人群一阵大笑。

　　凯特显然已经错过了预产期，但这并没有令她的医生们担心，通常产妇超过预产期一周之后他们才会考虑引产。与此同时，凯特和暂时从皇家空军休假的威廉正与她父母迈克尔和卡罗尔待在他们位于巴克夏的别墅内，以躲避城市的热浪。王室助理们确信，即便公爵夫人在郊区就开始宫缩，也能在警方护送下于一小时之内到达伦敦。没有人会真的责怪这个宝宝让大家稍稍多等待几天——毕竟他或她未来的一生都得遵守王室时间表，分毫不差。

　　不过可以肯定的是，等待就快结束了。

第二十章

"是个男孩"

'It's a Boy'—Baby
Cambridge First Press Conference

他的肺活量很大，这一点可以肯定。他是个胖小子，很重。

——剑桥公爵威廉王子殿下在帕丁顿圣玛丽医院林多院区外，

评论其子剑桥王子乔治·亚历山大·路易殿下

这的确是西伦敦极不平凡的、历史性的一晚。像沙丁鱼一样挤在媒体区的金属隔栏之后，我和来自世界各地媒体机构的数百名播音员、摄像师、摄影师、记者已经在帕丁顿圣玛丽医院的林多私人院区外等待数日了。接着，突然间，等待终结。2013 年 7 月 23 日晚 7：14，分娩后二十七个小时，筋疲力尽但笑容满面的剑桥公爵夫人和她骄傲的丈夫威廉王子从门后出现。站在凯特身边的威廉几乎无法将视线从他的儿子与继承人身上移开。凯特的臂弯中抱着他们八英镑六盎司重的欢乐包，数百名祝愿者和挤满了每个角落的医院工作人员发出汹涌的欢呼声。同时，这幅"新王室家庭"的完美画面通过电视传输给了全球数亿名观众。没有什么能胜过那一刻。对我而言，从事了近二十五年王室新闻报道，这一刻才是巅峰。

　　到此时，这个生而为王的婴儿还只是被称为"剑桥宝宝"，因为剑桥王子乔治殿下的名字尚未公开。从价值四十五英镑的由诺丁汉郡 G. H. Hurt & Son 公司制造的美利奴羊毛襁褓中隐约露出王子的一缕深色头发，他正经历着来自现代媒体世界的混乱的洗礼，他从摇篮到墓地的一生将被写进编年史。几秒钟之后，面对咔嚓作响的相机，身着由珍妮·帕克汉为其量身定制的矢车菊蓝色真丝双绉裙的凯特微笑着将宝宝递给丈夫，后者身着翻领蓝衬衫和便装裤，衬衫的两颗扣子敞着，显得轻松自然。接着，他们走上前，给如饥似渴等待着的媒体更多关于迟到的小王子的消息。此时，半睡半醒的宝宝动了动小手，自动抓拍相机立刻咔嚓咔嚓响成一片。次日，这些相片就会登上报纸的头版，就好似他已经完美展现了生平第一次王室挥手。

　　威廉王子昂首站立，平静而自信。长期以来被媒体描述为"戴安娜的孩子"的他如今已经成了一个成熟男人，一个忠诚的丈夫和骄傲的父亲。此前的二十四小时里，他几乎始终和宝宝在一起，睡在医院的同一间套房里。凯特魅力四射，头发纹丝不乱，言谈中同样充满自信："这也是我们第一次真正见到他，所以也才刚刚有机会了解他。这是个特别的时刻，非常动人。我想所有父母都知道这是什么样的感觉。"威廉紧紧保护在妻子和宝宝身边，补充道："非常特别。"接着，好似在确认婴儿的出生晚于预产期——这是媒体大肆炒作的话题——王子开玩笑道："等他长大一些，我会提醒他这次迟到的事情。我知道你们已经在这里站了很长时间，因此希望医院方面和你们现在都能回到正常状态中，也让我们可以抽身照顾他。"

　　威廉确认自己在医院的私人房间里有机会读报纸，并已经看到了电台关于儿子的报道。他接下来的话吊足了媒体人的胃口："他的肺活量很大，这一点可以肯定。他是个胖小子，很重。"他又补充道："我们还在考虑给他起什么名字，相信很快就会做出决定。他长得像她，谢天谢地。"
他用他那种典型的自嘲方式说。"不，我对此可不太肯定。"凯特插话道。
当被问到孩子的头发是什么颜色时，王子仔细凝视着他的头生子和他小
脑袋上的柔软头发，打趣说："感谢上帝，这一点他像我。"凯特透露说丈
夫是个亲力亲为的父亲："他已经替宝宝换过一次尿布了。"当问及他的技
术如何时，威廉回答"不错"，他妻子则认为"非常非常棒"。

　　接着，这对夫妇返回医院，不过很快又再度出现。这一次他们的儿
子坐在了自己的第一个"宝座"上——一个价值 99.99 英镑的百代适婴儿
汽车安全椅。公爵夫人坐进黑色路虎的后排座位，威廉王子把婴儿椅放
进车里，这是他的儿子兼继承人第一次坐车。在此过程中，他没让镜头
捕捉到丝毫差错，自我解嘲地松了口气。在伦敦警察厅私人保镖的陪同
下，威廉载着他的新家庭成员驶向他们在肯辛顿宫的临时住所——拥有
两间卧室的诺丁汉小屋。由于他们位于肯辛顿 1A 的房子尚未完工，在未
来的几天里，这儿将是他们的安乐窝。待在安全门之后，躲开窥视的眼
睛，他们终于可以开始像一家人那样亲亲热热了。

　　剑桥王子乔治·亚历山大·路易殿下生于 2013 年 7 月 22 日下午 4:24，
周一。他是王位的第三顺位继承人。自维多利亚女王登基后一百二十年，
英国历史上首次出现三名不同辈分的直系男性继承人同时待位的情况。

　　小王子的名字还需过些时日才能公布。首先，自然是要将他引见给
女王。出于历史原因，乔治——在希腊语里意思是农夫或与泥土打交道
的人——这个名字深受庄家们看好。在温莎家族，女王的父亲和祖父都
使用这个名字。不过公爵和公爵夫人坚称新生儿并非以女王父亲的名字
命名，他们选择乔治这个名字仅仅是出于喜欢。

　　有朝一日，他将作为君王成为第四十三任温莎堡主人。围绕着修改
古老的长子继承权法案以便令头生孩子无论性别均能继承王位的举措曾

引发了种种争执，眼下，这个问题倒变得无关紧要——威廉王子的继承人是男性。尽管如此，他仍然是第一个出生于经由女王领导下的英联邦成员国议会讨论谋求通过的新的、无性别之分、无宗教限制的继承法案之下的待位储君。小王子出生的消息并没有立刻对外公布，以便威廉可以经由电话先通知他的祖母和父亲。他和凯特也想在孩子出生的消息传遍全世界之前有一些属于自己的时间。

消息公布之后，林多院区外响起了喜悦的欢呼声，连驻扎在医院外的警官们脸上也绽放出笑容。收到"五分钟倒计时"信号时，我正在连线澳大利亚收视率最高的早间节目"日出"。我开始拼命发短信、电子邮件给在布瑞克中心"任务指挥部"的道吉·沃尔特斯，同时也通知来伦敦与我一起为第七频道报道这件盛事的主持人梅丽莎·多伊尔和美洲部总监迈克·阿蒙。几秒钟之前，我正试图用 iPhone 将这个故事上传至《伦敦旗帜晚报》，因为我同时担任着这两家机构的王室板块编辑。

接着，我的 iPhone 收件箱里出现了一条消息："下午 4:24，剑桥公爵夫人殿下安全产下一男婴。婴儿重八磅六盎司。出生时剑桥公爵在场。女王、爱丁堡公爵、威尔士亲王、康沃尔公爵夫人、哈里王子和双方家属均已得到通知，欣喜不已。殿下与孩子均安好，将在医院过夜。"这条消息是在晚上 8:29 发布的，即婴儿出生四个小时之后。这么做的原因在于王室夫妇"希望有一些属于自己的家庭时间"，并在消息传遍全球之前通知双方家人。威廉亲自给家人们打电话。被称为"凯特倒计时"的等待游戏至此圆满结束。我知道，从此时开始的四十八小时之内，我将再难入睡。

白金汉宫外，消息的公布同样引发了欢呼和汽车喇叭的鸣响。早前在温莎度周末的女王陛下已经在两辆路虎揽胜的护卫下回到宫中。她原本也打算回来举行招待会。菲利普亲王仍然处在康复阶段，因此女王外出期间由她的道吉犬——一种由柯吉犬和腊肠犬杂交的品种——伴驾，女王与狗的镜头于是也成了相机捕捉的对象。对于我们有史以来最年长的君王而言，这一天与往日同样繁忙。冷溪卫队和掷弹兵卫队正在举行神圣庄严的换岗仪式，威尔士近卫军乐团则在人群中奏响了夹杂着"007大破天幕杀机"调式的充满夏日气息的乐曲。

消息一到，兴奋的人群便涌向白金汉宫大门。女王此时已在宫内，她立刻表达了自己的"喜悦"。早在看见官方通告、得到任何关于新宝宝的细节消息之前，人群中就不断爆发出三呼万岁的声音。但报界和推特对人们的忠诚不感兴趣，在他们看来，除非王宫栏杆上挂出白底黑字写得清清楚楚的公告板，否则一切都不作数。

原本的计划是用传统方式公布消息。但到了最后一刻，计划改变了。王宫幕僚们不想被零星的叽喳声抢走了发布消息的机会。然而到头来一切不再重要，因为这戏剧性的一刻反倒为这名有朝一日将成为君王的男孩的诞生宣告增加了几分庄严。

伦敦警察厅加强了白金汉宫的警戒。一名官员在护送公告牌时受到了人们的热烈欢迎。几分钟之内，一辆从医院开来的黑色轿车抵达，剑桥公爵和公爵夫人的新闻秘书、剑桥大学博士、英国预备役军官、ITN（英国独立电视新闻社）前编辑埃德·帕金斯博士带来了一页记载着王室宝宝诞生所有细节的记录纸。片刻之后，当女王的新闻秘书、皇家维多利亚勋章中尉艾尔莎·安德森女士和一名年轻的王室侍从巴达·阿基姆带着公告板从王室司库门出现在公众视线中时，人群中响起更多尖叫。阿基姆任职还不到一年，当时恰巧在这扇门轮值，于是便有了一举成名的五分钟。

这份印着白金汉宫抬头、由王室新闻团队签名的声明上写着："剑桥公爵夫人殿下今天下午 4 点 24 分平安产下一子。殿下和孩子均安好。"英国本岛最新、最热的旅游景点已揭开面纱，人们竞相观看。王宫内，女王告诉前来参加招待会的客人们，曾孙的出世令她"激动不已"。

在约克郡进行王室活动的查尔斯王子被当地人问及婴儿时，曾巧妙地假装并没有接到相关消息。不过当晚，他发表声明称："我妻子和我都对我的长孙的出世喜出望外。这对威廉和凯瑟琳而言是个极其美妙的时刻，我们为他们宝宝的出生而感到兴奋。"他又补充道："最近，有无数人告诉我，祖父母阶段是人生中的一个独特时期，因此我对第一次当祖父感到既自豪又高兴，我们热切期待着很快能见到宝宝。"

次日，查尔斯和卡米拉在访问东约克郡时遇见了欢呼祝福的人群，在布格索普，一地接一地的民众向他们表达祝福。当人群中喊出"早上好，爷爷"时，王子哈哈大笑说："我太激动了。"他那已身为五个孩子的祖母的妻子则更加热情，说丈夫会成为一个"出色"的祖父。"我想这是个美妙的消息。我觉得母亲、儿子和父亲都很好，"她对BBC说，"我认为这对整个国家而言都是个令人振奋的时刻。当祖父的很激动——他对待孩子很有一套。"

世界各地的领导人都加入到祝贺的队伍中，向剑桥夫妇和他们的新生儿送来了祝福。英国首相戴维·卡梅伦将此形容为"我们国家生活中的历史性时刻，尤其对于处于热恋中的、刚刚诞下新宝宝的夫妇而言更是个美妙的时刻。"美国总统巴拉克·奥巴马说，新宝宝的出生是一件"大喜事"。澳大利亚总理凯文·拉德代表全澳大利亚人祝愿"王室小家伙"一切安好。"这是大喜的日子，"他说，"在世界的任何一个角落，新生命的到来都是个欢欣的时刻。对于查尔斯王子和卡米拉而言，他们可以享受成为祖父母的喜悦，我能说的是，这或许是你们生命中最美好的经历，我肯定他们将和王室宝宝共享美妙时光。"

其他国家的领导人也纷纷表达了祝福。加拿大——威廉和凯特的第一次王室夫妇之旅便是去那儿——总理史蒂芬·哈珀说,加拿大人民"欣喜地"得知他们喜获麟儿,对此表示"衷心祝贺"。他继续说:"这个消息令我们想起了我们与王室家庭数代之间的持久关系,令我们充满柔情地回忆起伊丽莎白二世女王陛下和爱丁堡公爵殿下多年来的孜孜奉献,以及他们对这个国家的深厚影响和忠诚。"新西兰总理约翰·基说,送给王室夫妇的官方礼物是一条用手工布料经手工编织的精美花边披肩,类似于当年威廉王子出生时赠送的那条。"这对威廉和凯瑟琳而言是个美妙的消息。孩子的出生是个喜悦而激动的时刻,我知道他们会成为出色的父母。新西兰人民满怀深情地记得威廉王子幼儿时代对新西兰的访问,记得他在总督府草坪上和勤劳的小蜜蜂玩耍的情景。我们也同样热情欢迎威廉王子的儿子来新西兰。我代表新西兰人民对威廉王子、凯瑟琳和王室家庭献上最美好的祝愿。"

王室宝宝的降生也在推特上引发了庆祝的热潮,甚至连电视剧"东区人"中也出现了一段插曲。由于投资方要求临时增加一些反映婴儿出生的情节,于是道特·科顿(琼·布朗饰)和阿比·布兰宁(洛娜·菲茨杰拉德饰)讨论这则喜讯的场景出现在了周一晚的 BBC 肥皂剧中。卡通明星青蛙柯密特和猪小妹也对剑桥公爵和公爵夫人喜得贵子表示祝贺。正在伦敦拍摄新片"布偶通缉犯"的"布偶"明星们给王室夫妇发去了影像信息,猪小妹承认自己也想要孩子。她对柯密特尖叫着:"难道不激动人心吗?!凯特当妈妈了,威廉王子当爸爸了。这让你也想有个自己的王室宝宝,是不是,柯密特?你难道听不见小蝌蚪吧嗒吧嗒的脚步声吗?"柯密特耸耸肩说:"不太能听见……蝌蚪没有脚。"

次日,礼炮的鸣响在伦敦上空回荡,这意味着军队也加入了庆祝王室新生儿的行列。每一位王子或公主出生时,无论其在继承顺序上的排名如何,皇家骑兵礼炮队和荣誉炮兵连都要施放礼炮。上一次王室礼炮鸣放还是在二十三年前，为了庆祝威廉王子的堂妹尤金妮公主出生。身着全套制服的皇家礼炮队经白金汉宫到达格林公园，鸣放四十一响礼炮。他们从位于惠灵顿兵营的基地出发，下午两点，七十一匹马拉着六门一战时期的十三磅野战炮进入预定位置。每门炮都以十秒间隔的速度鸣放。荣誉炮兵连也于下午两点从伦敦塔的炮楼上鸣放礼炮。在伦敦塔上施放的礼炮很独特，一共六十二响，其中的二十一响代表着伦敦城的居民对君主的忠诚。

7 月 23 日，圣玛丽医院里的兴奋情绪更是溢于言表。埃德·帕金斯以公爵夫妇的名义通过电子邮件发表了一则声明。"我们想感谢林多院区的员工以及整个医院对我们三人的精心照料。我们知道这段时间令院方非常忙碌，我们想对所有人——员工、病人和探访者——在此期间的理解表示感谢。"肯辛顿宫的一名发言人补充说："母亲、儿子和父亲今早都很好。"

新闻摄影师们搭好了摄影架，我们都在等待着故事的下一篇章。王室夫妇将何时离开医院仍不得而知，但下午晚些时候，出现了一些迹象：车载座位运到，公爵夫人的理发师阿曼达·库克·塔克也悄悄潜进医院。下午三点左右，外祖父母乘坐黑色出租车抵达。卡罗尔和迈克尔近年来虽接触了一些媒体，不过眼前的场面仍然把他们吓了一跳。在病房里待了一个多小时后，卡罗尔形容她的外孙——她的第一个外孙，未来的国王——"绝对漂亮"，并说新父母的应对"惊人地自如"。她补充道："他们都非常好，我们很激动。"当被问及第一次抱外孙的感觉时，被丈夫迈克尔推上前回答记者提问的卡罗尔说："太神奇了，就像昔日重现。"当等候的媒体人士问及她和迈克尔对王位第三继承人的名字有何建议时，她笑着回答："完全没有！"迈克尔的脸上堆满自豪，他一言不发，只是笑着将妻子推进等候的出租车里。她是那么兴奋，以至于径直走过了头。

　　查尔斯王子和妻子卡米拉结束为期两天的约克郡官方行程之后乘直升机赶回伦敦，于下午 5 点 30 分抵达医院。踏上医院台阶之前，微笑的威尔士亲王问在圣玛丽医院外等候了三周的记者们："你们来了很久了吗?"大约十分钟之后，他们准备离开，查尔斯说婴儿"好极了"。当被问到他的孙子长什么模样时，他的回答令记者们更加急不可耐："你们一会儿就能见到。"这就是说，小王子和他的父母即将出院，秘密真的即将揭晓。

　　之后不久，肯辛顿宫方面确认："剑桥公爵夫人殿下今晚将出院……剑桥公爵和公爵夫人及孩子将回到肯辛顿的家中。几位殿下希望再次对医院给予他们的照料表示感谢。"就这样，这对夫妇与他们的小儿子在不绝于耳的欢呼声中离开了，回到家中过几天轻松、亲密的日子。当他们离开时，王宫幕僚首次确认他们不会找奶妈，相反，将向家人寻求帮助。"他们双方都有家人，会悉心照料婴儿。"观众和媒体对此的反应相同：他们有家人的支持——也有整个国家的支持。

第二十一章

剑桥王子殿下

'Boy George'—HRH Prince George
Alexander Louis of Cambridge

确保他有良好的教养，远离有害的事情，并确保他开心。剩下的就交给他父母了。

——哈里王子在协助培养侄子乔治王子方面承担的任务

威廉王子的名字是在他 1982 年出生后的第七天公布的。三十一年之后，为了防止媒体对王室新生儿的炒作，他和凯特不会让全世界的媒体等待太久。当威廉准备开车带家人离开医院之时，经验丰富的 BBC 王室问题评论员彼得·亨特问他是否会如博彩庄家们预期的那样，给儿子取名乔治。公爵笑着回答："等等吧……我们还在商量，很快就会有结果。"不过，这对夫妇首先得完成的是伊丽莎白二世女王与她的曾孙、王位第三顺位继承人的历史性会面。这是近一百二十年来在位君主首次见到三代以后的未来君主，女王对于将要见到家中的新成员也颇感"激动"。不过这一次，不会有相机，也没有电台记者嚷嚷着提问。这毕竟是君王的家事，有些行为是不应当出现的。

女王乘坐一辆深绿色的宾利从白金汉宫前往肯辛顿宫探望她的曾孙。

7月24日上午11点刚过,《伦敦旗帜晚报》的资深摄影师杰里米·塞尔温捕捉到了她坐在车后排抵达肯辛顿的镜头。几分钟之后,我那篇题为"女王探望曾孙"的报道配合杰里米的照片赫然出现在拥有187年辉煌历史的报纸头版。与此同时,在王宫内,威廉、凯特和新生儿正等待着女王驾到。因侄子的降生而升格为叔叔,但同时也降格为王位第四继承人的哈里王子也在场。

威廉和凯特心中已经有了几个备选名字。但鉴于孩子的身份和象征,他们想确保自己的选择得到女王的认可。女王不会直接给出建议——那不是她的作风——而会将选择权留给孩子的父母。但正如历届首相和众多建言者所了解的,女王微微一扬眉毛就足以表示他们需要重新考虑。关于王室成员名字的选择并没有明文律令,个中规则正如英国宪章一样,意会而不言传。传统的名字受到偏爱,尤其对于王位直系继承人而言。毕竟,王室成员的名字所代表的远不止一代人,同时也象征着某种价值——比如维多利亚时代——或者某种建筑风格,比如乔治亚风格。

当彼得·亨特追问关于乔治这个名字时,王室夫妇似乎相互眨了眨眼,暗地交换了一丝微笑,之后威廉才说儿子的名字"还在商量"。此前,巨额赌资已源源不断汇集到各庄家手中,下注内容包括王室宝宝的性别、出生体重、出生日期等。眼下,只剩一样可以继续一搏:他叫什么名字?乔治是庄家们的热门选择,赔率为7/4,领先詹姆斯(4/1)、亚历山大(8/1)、亨利(12/1)和路易(12/1)。毕竟,这个名字直接承自女王的父亲乔治六世——事实上应该是阿尔伯特,因为上一代国王的本名是阿尔伯特·弗雷德里克·亚瑟·乔治,家人则称他伯蒂。乔治这个名字也出现在放弃王位的爱德华八世的七连串名字中,他的全名是爱德华·阿尔伯特·克里斯蒂安·乔治·安德鲁·帕特里克·大卫,但通常被家人称为爱德华。威廉的父亲威尔士亲王的全名是查尔斯·菲利普·亚瑟·乔治,因此,他的妻子戴安娜·斯宾塞女士在婚礼上弄混淆或许也就不足为怪了。

计划在两天之后去巴尔莫勒尔堡度年假的女王在肯辛顿宫停留了三十四分钟。一个半小时之后，剑桥夫妇也离开了。从医院回到肯辛顿宫的二十四小时之内他们再次搬家，这一次是去巴克夏和米德尔顿一家待在一起。下午一点，这对新父母开着路虎揽胜出发，乔治王子坐在后排的安全座椅里。一小时之后，他们到达凯特的父母最近斥资四百八十万英镑购买的位于巴克勒伯里小镇的一栋乔治亚风格的宅邸，卡罗尔正忙着为外孙布置一间"幼儿风格"的房间。据官方消息称，公爵和公爵夫人只是想"像所有新父母一样享受一家共处的私人时光"，并说"他们想更多地了解儿子"。

米德尔顿家宏伟的巴克勒伯里庄园占地十八英亩，配有私人网球场、游泳池和图书馆。以庄园为中心，方圆一英里之内的道路两侧都设置了带有"禁止停留"标识的黄色警用路桩。路牌上贴着鲜黄色的标志，标明此处实施三周的紧急状态管制，禁止以任何形式在此停留。两名警官各把守这栋乔治亚风格宅邸的一侧入口，每隔几分钟就有巡逻的警车在入口处经过。中午时分，一辆标着"骑警"字样的大型警用运马车驶入风景如画的小镇，一顶由警车及便衣警车护卫的小帐篷也出现在附近。

然而，名字依旧未出现。

7月24日下午6点18分，肯辛顿宫发表了最新的关于王室宝宝的声明。这是拼图的最后一片。在"剑桥公爵和公爵夫人为新生儿命名"的标题之下写着："剑桥公爵和公爵夫人高兴地宣布，他们为儿子起名乔治·亚历山大·路易。新生儿将被称为剑桥王子乔治殿下。"

自1714年以德语为母语的汉诺威王室的乔治一世国王登基以来，乔治这个名字就成了英国王冠的代名词。此后，又有五位乔治统治过大英帝国，其中最著名的是国王乔治三世，他在位59年零96天，成为在位时间最长的国王，并仅次于其孙女维多利亚女王和现任君主伊丽莎白二世成为在位时间第三长的君主。上一位乔治国王——女王的父亲乔治六世——于 1952 年去世，年仅五十六岁。正如之前所说，他的第一个名字其实是阿尔伯特，家人称他为伯蒂，但他选择了乔治——自己的第四个名字——作为称号，以纪念其父乔治五世。

乔治这个名字不仅在王室源远流长，也同样与英格兰紧密相连。四世纪的基督教圣徒圣乔治是这个国家的守护者，英格兰国旗也是以他的名字命名，意喻荣耀、辉煌和英勇。圣乔治屠龙和解救无辜少女的传说产生于中世纪，距圣人实际的生活年代相去甚远。尽管如此，婴儿的父母宣称选择这个名字只是出于单纯的喜爱，王室助理们也坚称他们给孩子起名并非是要承袭那位第二次世界大战时期统治英国的君主。无论真相如何，女王陛下一定是欣然应允，因为这个名字毕竟延续了家族传统。第二个名字亚历山大在苏格兰地区相当流行，亚历山大三世在当地被视为最伟大的统治者。而选择路易这个名字则有可能是为了纪念于 1979 年被爱尔兰共和军暗杀的蒙巴顿勋爵，他是爱丁堡公爵的叔叔，也是查尔斯王子最钦佩的导师。

在此之前唯一一个剑桥王子也叫乔治，尽管剑桥公爵和公爵夫人不太可能希望他们的儿子效仿前剑桥王子的作为。第一个剑桥王子乔治是乔治三世的孙子，首位剑桥公爵阿道弗斯·弗雷德里克王子唯一的儿子。这位出生于 1819 年的剑桥王子拒绝接受被安排的婚姻，而是为爱娶了一个平民女子。据说这个名叫萨拉·路易莎·菲尔布拉泽的女演员不仅是个古典美女，也是名气质优雅的舞蹈家。他们于 1847 年结婚，当时她已经为他生了两个孩子，又怀上了第三个。或许正是这个王子与灰姑娘的爱情故事打动了如今这对有着相同身世背景的王室夫妇。

然而，如果他们深究他的故事，或许会重新考虑。因为首任剑桥王子乔治的婚姻并没有征求君主的意见，也从未获认可，这意味着他的子孙没有资格继承王室头衔。因露腿肖像画等诸多丑闻缠身的菲尔布拉泽小姐受到王室排斥，也始终未获得封号，只以菲茨乔治女士的称呼为人所知，菲茨乔治也是她为乔治王子所生的后代采用的姓氏。然而尽管结了婚，乔治仍是个花花公子，很快便有了情妇路易莎·博克莱尔，他们的感情维系了三十多年。

其父去世后，乔治王子成为第二任剑桥公爵。他投身军队并参加了19世纪50年代的克里米亚战争。1887年，他被任命为总司令，据说他军纪严明，信奉对军官的提拔应该基于其社会关系而非个人能力。他死于1904年，在伦敦白厅中央还有一座他的骑马雕像。乔治的父亲，首任剑桥公爵——生于1774年，卒于1850年——从未当过剑桥王子，而是在其二十七岁的时候，也就是1801年，被其父乔治三世册封为剑桥公爵。不过当年的世事与如今大不相同。乔治三世尽管因血液疾病而精神失常，仍深受民众爱戴，对妻子夏洛特也忠贞不贰。而他的儿子们则放浪形骸，纵情于酒色豪赌，因奢靡的生活作风而沦为漫画家和大众报刊的笑料。

7月25日，星期四，王室宝宝出生而引发的喧嚣即将尘埃落定，极富现代气息、生性幽默的哈里王子——乔治王子的叔叔——还没对小家伙做出评价。当晚，哈里王子和哥哥、嫂子、侄子一起，远离公众视线，参加了一个为他的森特巴乐慈善基金会而举办的私人摄影展，该慈善基金会是为了纪念他的母亲并帮助全球最贫困的国家之一莱索托的儿童而建立的。哈里王子面对等候在展会外的镜头开玩笑说，他作为叔叔的任务就是确保乔治王子宝宝"开心"，并首次提到了王室家庭的这一"奇妙"添丁。

当天上午才在肯辛顿宫见到小侄子的二十八岁的王子说："我看见他时，他和所有小婴儿一样正号啕大哭。"当问到他有没有抱孩子时，他笑着说："当然。"接着又继续说："家里有了新成员，这太奇妙了。我只希望哥哥知道，雇我来照顾宝宝可得花大价钱。"不过，作为叔叔，他的任务是什么呢？"确保他有良好的教养，远离有害的事情，并确保他开心。剩下的就交给他父母了。"哈里说现在想判断乔治长得像谁还为时过早，因为"他才四天大，你可以自己判断，我可看不出来"。当被问到威廉王子是否胜任父亲的角色时，他回答："当然啦！但愿大多数人都能如此。"

森特巴乐，在当地语中意为"勿忘我"，由哈里王子和他的朋友莱索托王子塞伊索于2006年共同创办，旨在帮助这个贫困国度里数以千计的儿童改善生存状况。该基金会为莱索托国内包括艾滋病遗孤在内的最需要帮助的儿童提供医疗、教育服务。这是哈里继承已故母亲威尔士王妃戴安娜遗志的方式。这名传奇般的女性，乔治王子的祖母，已经随着1997年发生在巴黎的那场悲剧性的车祸而逝去，但却从未被她的儿子们淡忘。当威廉把儿子介绍给弟弟后，兄弟俩热情拥抱在一起。

如果戴安娜还活着，那么孙子出生时，同样出生在7月的她应该刚满五十二岁。他的降生之日将会是她此生最完满的时刻，她或许也会是最富魅力的祖母。她已经正确地引导了儿子们，让他们懂得要活得自由而充实，她最大的心愿就是看到他们满足、安全而快乐。毫无疑问，戴安娜会为威廉选择了凯特——一个他为爱而结合的女子，他最好的朋友、知己和爱人——而高兴。充满爱的家庭这个概念对于戴安娜而言意味着一切。协助凯特和威廉帮乔治王子走上人生的正轨对她来说会是一大乐事。此外，小王子与祖母有一个共同点，他和戴安娜一样都是巨蟹座。"他会有戴安娜的气质。"她以前的占星师潘妮·桑顿说。

接下来轮到戴安娜的哥哥，威廉王子的舅舅查尔斯·斯宾塞伯爵代表他的家庭来表达对新王室宝宝诞生的喜悦了。"我们都很高兴——这是个美妙的消息，"斯宾塞爵士说，"我父亲总是向我们提到戴安娜在那么个大热天出生的情景，那是1961年7月，在桑德灵厄姆。转眼半个世纪，又是个快乐的夏天。"

如果说戴安娜教会了她的长子什么，那就是坚守立场。是的，他有责任和义务扮演自己的角色，但这个新父亲不会被任何人所左右。他始终明确表示要寻找自己的人生道路。他此番对儿子出生方式的掌控就极好地证明了这种人格力量。他定下了所有的调子，显然，他还打算继续这么做。

在医院外，当这对夫妇第一次让全世界一睹未来国王的风采时，是威廉掌握着整个过程。在面对全球媒体的考验之前，是他确保凯特已经做好准备。他引导着方向，引导着媒体的问题，并且承担了主要的交流任务，在镜头前表现完美。到了该离开的时候，是他开车带凯特和宝宝回到肯辛顿家中。这就是他想呈现出的状态。没有专职司机这一细节也表明他希望和其他家庭一样享受这珍贵的一刻。

在婴儿出生前，他也和伦敦警察厅的王室安保官员们共同商讨如何避开医院外的数百名摄影师，让身怀六甲的妻子悄悄进入医院待产。护卫人员清晨六点抵达医院时，的确被两名摄影师追踪，但威廉打了个漂亮仗。尽管摄影师们坚称他们并没有拍到凯特待产的镜头，但威廉知道他们会为此不择手段，因此不能给他们任何机会。见到威廉的计划成功，一名安保官员兴奋地朝空中挥了挥拳头。

婴儿分娩后，推迟四小时十分钟公布消息的决定同样出自威廉。关于在医院台阶上向世界展示他的儿子和自己的喜悦这一细节，他也决定不遵循传统。1982年，威廉本人出世时，出生刚刚两小时就被查尔斯王子笨拙而欣喜地从医院抱出来，将王子金发碧眼的消息告知兴奋地等待在医院外的人群。但威廉却让全世界多等了两天。他想由全家一起来宣布这个消息，那才是他想展现的场景。

这或许就是未来国王释放出的信号：事情要有所改变了。他想尽可能长久地把儿子和妻子留给自己。他知道小乔治的命运必将像他自己一样属于公众。对于他而言，关键在于在这个世界从他手中夺走孩子的所有权之前，在报刊和电台控制发言权之前，尽可能长久地保持父子间的亲密关系。

王室传统自有其地位，且必须得到尊重，但威廉王子显然感觉到这个现代君主体制不仅要适应时代，也要为塑造时代贡献一份力量。他自有新的、更包容的行事方式，这意味着在抚养儿子方面，他将敞开胸怀欢迎他本人已视作自己的家人的凯特家族的参与。这样，他将帮助儿子养成中产阶级的简洁作风，毕竟，孩子同时具有中产阶级工薪阶层和王室贵族的双重根基。

如果说传统的东西显得陈旧，那么这种对传统和阶层的跨越则引起了《时代》杂志的关注。作家安德鲁·弗格森说，王室宝宝的出生代表着"美国梦的英国版本：如果你努力工作、遵守游戏规则，那么无论人种、肤色、信仰，都可以让女儿通过婚姻成为国王的母亲"。他还写道："这是一个矛盾体，这个布衣国王——一个自我消除类别的跨越，一个好像鹿角兔或者长鼻怪那样的非自然混合体……然而布衣国王恰恰经由凯特·米德尔顿来到了我们之中……未来的英格兰国王、宗教的守护者来自一个没有一滴贵族血统的母亲。我的猜测是，这个男孩，无论其自身个性如何，都会与反保皇派和君主派保持一定距离。"他的话或许会成真。但威廉似乎有一个明确的目标：爱妻子，对她保持忠诚，确保她幸福。这或许也可以解释为何继他本人之后首先来探望凯特的是她在分娩前相伴数周的父母。他这么做不是在排斥王室成员——他们应该明白他的理由——而是要再次证明自己的事自己做主。

显然，十五岁那年失去母亲戴安娜的痛苦，以及继而要保护哈里王子的决心给了威廉钢铁般的独立性格。他亲自挑选了自己的幕僚——直言不讳的私人秘书米格尔·海德和新闻秘书埃德·帕金斯——而他们中没人会像以前那些强势幕僚对待他的家人和祖先那样指挥他。他不会允许王室职责压倒自己的家庭生活，也不会允许爱管闲事的媒体和外界离自己太近。他会给他们提供他们想要的，但也要求他们明白当他和他的家人希望不受打扰时，意味着要真正不受任何打扰。他要极力避免与新闻界的关系过分密切。他知道他们有工作要完成，但他也同样，他要为当国王做好准备。这一点，是从女王，他的祖母那里学到的。

威廉知道如果遇到问题，可以直接寻求最高层的帮助。他在处理婚礼来宾的问题上就是这么做的。他与女王讨论了自己的想法并得到了解决。这也显示出他的坚定。从某些角度看，女王在王室婴儿的问题上似乎只是个被动的旁观者，但她所做的其实远不止这些。女王比任何人都更清楚乔治王子的出生确保了王朝未来三代的安全延续，或许可以一直到 22 世纪末。

几十年前的英国，公众抱着实行共和制的想法。你可以责怪新闻界选择了一些不好的事件来报道，但这些事件本身却是现实的——王室婚姻的破裂公然损害了王室的声誉。在当时，君主制看起来问题重重。女王已经不止一次引导君主制驶出浑水，但她无法永远这么下去，在本书即将付梓之际，女王已八十七岁高龄了。她的丈夫菲利普亲王反复受到病痛折磨，又在乔治王子出生前刚刚接受手术，这意味着他在女王位于诺福克的领地桑德灵厄姆修养期间无法见到曾孙。

女王和威廉王子的关系亲密。她也知道未来王室最大的希望在于威廉王子为爱而结婚。她鼓励他做自己想做的事。作为英国有史以来担任这个"顶级工作"时间次长的人，她英明地意识到，在现代社会里，君主制要想生存就必须抛弃过时的等级观念。

女王是属于她那个时代的女性，是个老派人物，一个虔诚的基督教徒，这是她内心的力量之源。她也忠于自己的核心使命。但她用自己那种润物无声的方式静静地掉转着君主制这艘"船"，带领它驶入更平静的水域。本周，数千民众聚集在白金汉宫前等待王子降生的消息，一如 2002 和 2012 年女王登基庆典时数百万民众聚集在林荫大道，他们在感谢女王做出了英明的决定。

我在近期的王室活动中近水楼台，有机会近距离见证所有这些事件。凭借我的记者身份，我得以接触王室的所有重要人物，包括女王、已故的威尔士王妃戴安娜、威廉王子。过一段时间，如果上帝保佑，我还在从事这四分之一个世纪以来的职业，继续撰写温莎王朝的迷人故事，也将可以见到年轻的乔治王子。

当年，我亲历了女王的黄金和钻禧庆典，也见证了王室婚姻——包括报道查尔斯王子要迎娶卡米拉的消息，我从婆罗洲到悉尼、从斐济到纽约，跟踪报道王室的海外之旅，我也目睹了死亡——包括玛格丽特公主和女王的母亲伊丽莎白王太后的葬礼，当然，还有令全世界为之屏息的威尔士王妃戴安娜的悲剧。但于我而言，未来君主乔治王子的出生胜过以上所有事件。这才是真正的激动人心，全世界媒体都为此高速运转。王子出生后短短几分钟，我的报道便出现在全球不同地区的热点节目中，从收视率最高的 NBC（美国全国广播公司）"今日秀"到澳大利亚——这个小男孩有朝一日也将成为他们的国王，除非澳大利亚更改宪法——的顶级早间节目"日出"。当王子出生的消息传出时，林多院区外的场景堪称值得纪念的历史性一幕。纵情欢呼与微笑不仅仅来自王室的拥趸，也来自对大场面司空见惯的媒体人士和见多识广的警官们。

然而，这一切对于已经处于巅峰一代的王室家庭而言意味着什么？这个小王子有朝一日作为乔治七世国王将要继承的是怎样一个君主国？由于目前女王是英联邦国家的首脑，这个国家的影响力几乎触及全球的三分之一地区。女王不仅是大不列颠的女王，也是另外十五个成员国的女王，其中包括澳大利亚、加拿大和一度多少倾向于共和制的新西兰。威廉和凯特有望尽早出访澳大利亚和新西兰，预计是在 2014 年。正如查尔斯王子和戴安娜王妃那样，威廉和凯特也打算带着孩子一起去。他们将在那里受到热烈欢迎。但这不太可能长时间遏制南半球的共和主义情绪。和英国一样，澳大利亚和新西兰现在也是多元文化国家。随着时间的流逝，君主制或许看起来落伍了。

因此，剑桥王子乔治日后在世界舞台上的影响力要小得多。他要重新定位自己的统治和角色。不像我们的女王，威廉和凯特之子的登基或许要等到五十年后，届时他或许将不得不仅仅把自己视作英国的国王。这个王室小婴儿是矿工和国王的后裔。他必须有很强的适应能力，就像他伟大的曾祖母伊丽莎白二世女王一样，必须学着顺应时代。

不过对于威廉和凯特，这对在圣安德鲁斯大学坠入情网的王子和平民而言，此时还不是谈论乔治王子宝宝的命运或责任的时候。眼下的一切只是他们对他的爱和初为父母的喜悦。他们是一对自然而然彼此深爱的伴侣。当威廉骄傲地怀抱着儿子，身边有美丽的妻子相伴之时，他们就是幸福的完美诠释——新一代的"新王室家庭"。

致　谢

　　每个婴儿的诞生都是特别的，都是一个纯然喜悦与欢庆的时刻。但未来君主的诞生则格外特别——对于英国和英联邦地区而言，这是个值得品味的历史性时刻。这个婴儿的降生标志着新王室的新起点。出生在一个多媒体时代，乔治王子将不得不适应瞬息万变的世界——或许不像其他未来的储君——并于某天领导一个全新的、更精简的现代化君主国，及其日益多样化的民众。本书正是要庆祝英国历史上这个标志性的时刻，并试图揭示这一要闻背后的故事。

　　我很高兴我的好友兼良师，帝国勋章获得者亚瑟·爱德华同意为本书供图。他的照片与他作为一流王室摄影师的职业生涯一样光彩夺目。他决定将自己的稿酬慷慨捐献给儿童慈善机构，用于帮助他人，而他为本书所配的照片，我相信，也一定会给读者带来巨大的享受。这些照片均系他作为畅销报刊《太阳报》的摄影师时所摄制。他一直与王室成员保持着良好的工作关系，这一点也表现在他所创作的肖像作品中。我们之间的初次合作始于1991年我开始从事王室题材报道之时，对于他的明智建议和真诚友谊，我始终珍视。

　　没有约翰布莱克出版社的编辑克里斯·米切尔及其团队的辛勤工作，就不会有本书的迅速完稿和出版。我要感谢我的出版商约翰·布莱克对本项目的信任，以及对后续第四本书的期待。我也要感谢罗茜·弗戈的不懈支持，感谢我的《戴安娜：严守的秘密》一书的编辑托比·巴肯。

　　我得到了很多人的大力帮助，在这里，我很高兴能对其中一些人致以谢意，而另一些人则出于显而易见的原因不便透露姓名。基于此，我想感谢肯辛顿宫、克拉伦斯宫和白金汉宫的新闻团队，尤其是埃德·帕金斯博士、尼克·劳兰、皇家维多利亚勋章中尉帕特里克·哈里森、艾尔萨·安德森和詹姆斯·罗斯科。我也要感谢"快乐的大象"——他们知道他们是谁。

我要向《伦敦旗帜晚报》的同事们致谢，特别是与我共事二十余载的朋友，副总编伊恩·沃克，以及我的编辑萨拉·桑兹。我要向执行编辑道格·威尔斯致谢。我还要感谢我的朋友维多利亚女王勋章获得者肯·华尔夫指点迷津。最后，我想感谢我的家人，谢谢他们的爱，谢谢他们与我同甘共苦。

罗伯特·乔布森
2013 年 8 月